RENT AND POLITICAL ECONOMY

レントと政治経済学

中村文隆 編著

武田　巧
堀金由美
藤永修一
末永啓一郎
三浦留美

八千代出版

執筆分担（掲載順）

武田　巧	明治大学政治経済学部教授	第1章
堀金由美	明治大学政治経済学部教授	第2章
藤永修一	明治大学政治経済学部准教授	第3章
中村文隆	明治大学政治経済学部教授	第4章
末永啓一郎	城西大学経済学部准教授	第5章
三浦留美	明治大学大学院政治経済学研究科博士後期課程在学中	第6章
王　東	明治大学政治経済学部兼任講師	COLUMN 1
渡辺　正	明治大学政治経済学部兼任講師	COLUMN 2

はじめに

　今日、レントならびにレント・シーキングは先進諸国や途上国の双方で広く蔓延している。何れの政府にとっても、レントに関わる枠組みをどのように設計するのかという課題に直面している。

　先進諸国の経済政策形成の過程の問題には、単に、「市場か政府か」という選択だけでなく新しいアプローチが試みられている。特に、タロック（Tullock, G.）らのバージニア学派とスティグラー（Stigler, G.）らのシカゴ学派との論争はこの領域で新しい理論的な成果を多く生み出している。それも、理論分析だけでなく、データの解析をベースにした現実妥当性の高いモデルが構築されている。

　それに対して、途上国の経済政策形成の過程は、それぞれの途上国の政治経済の構造が多様で、経済成長の段階のバラツキも大きく、共通した理論の前提を想定し難い。たとえば、民主主義的な枠組みを形式的に装っていても、それは専制的な政治経済の運営を可能にする隠れ蓑である場合もあり、経済的離陸を可能にするインフラ整備が未整備の場合もあり、いまだ特定の資源輸出に過度に依存する場合もある。このような状況にあって、レント理論の現実的な適用の範囲は、極めて高い。この研究領域において、新しい領域を切りひらいた研究者として、カーン（Khan, M. H.）やジョモ（Jomo, K. S.）がいる。彼らの手による研究書『レント、レント・シーキング、経済開発』[1]の優れた点は、レント理論を体系的に改めて整理し、それを東アジアの政治経済に適用するにあたり、学際的なアプローチを採用したことにある。

　本書の執筆者は、この著作『レント、レント・シーキング、経済開発』の翻訳メンバーが主である。この書は、われわれ全員に同一でないにしても大いなる学問的な刺激を与えた。この翻訳の過程で、われわれは、異なる専門性を反映した学際的な論議を交わし、有意義な時間を共有した。その成果の一つが、本書『レントと政治経済学』である。本書には、カーンやジョモの

---

1) 中村文隆・武田巧・堀金由美監訳（2007）『レント、レント・シーキング、経済開発』人間の科学新社．(Khan, M. H. and Jomo, K. S. eds. (2000). *Rents, Rent-Seeking and Economic Development*. Cambridge: Cambridge University Press.)

翻訳メンバーの他に、ロス『レント、レント・シージング、制度崩壊』[2] の翻訳メンバーの一部が加わっている。

　武田巧は専門の理論経済学の立場から第1章「レントとレント・シーキング理論の系譜」、堀金由美は専門の政治学の立場から第2章「政治学の分野におけるレントと汚職」、藤永修一は専門の国際経済学の立場から第3章「国際経済学から考えるレント」、中村文隆は開発経済学の立場から第4章「学習レントと低開発諸国の経済開発」、末永啓一郎は産業政策の立場から第5章「日本のIT産業政策とレント」、そして、三浦留美は文化政策の立場から第6章「芸術文化政策とレント」をそれぞれ担当した。コラムには、王東が「中国経済におけるレントとレント・シーキング」、渡辺正が「レントと東アジアの直接投資」を執筆した。

　本書は、レントならびレント・シーキングの概念を学際的なアプローチをとるがゆえに、あえて、統一していない。そのために、同じ用語が論者によって異なる場合があるが、担当者は、その都度、必要に応じて、明記するように配慮をしたつもりである。

　今日、「新しい政治経済学（new political economy）」あるいは「政治の経済学（political economics）」という研究が、評価されている。本書の「レントおよびレント・シーキング」に関する考え方が「政治経済学」を学ぶ学生に新しいアカデミックな刺激を与えられることができたならば、幸いである。

平成25年4月1日

編者　中村文隆

---

[2]　中村文隆・末永啓一郎監訳（2012）『レント、レント・シージング、制度崩壊』人間の科学新社。(Ross, M. (2001). *Timber Booms and Institutional Breakdown in Southeast Asia.* Cambridge: Cambridge University Press.)

目　　次

はじめに　*i*

理　論　編

第1章　レントとレント・シーキング理論の系譜 …… 3
1. レントとレント・シーキング理論とその変遷　4
2. レントとレント・シーキングに対する再評価の試み　14
3. 再生可能エネルギー普及の試み　22

第2章　政治学の分野におけるレントと汚職 …… 33
1. 政治学における汚職とレント、レント・シーキング　34
2. 戦後開発学の流れと汚職、レントとレント・シーキング理論　40
3. ガバナンスの時代の汚職研究　47
4. レント、レント・シーキング研究と開発の政治経済学　50

政　策　編

第3章　国際経済学から考えるレント …… 69
1. 貿易政策とレントおよびレント・シーキング　70
2. 幼稚産業保護論と学習レント　79
3. グローバリゼーションの中で　85
4. おわりに　90

第4章　学習レントと低開発諸国の経済開発 …… 93
1. 経済発展と「生産し続けること」と学習　93
2. レ　ン　ト　95
3. レントによる経済成長　98
4. 学習レント設計　105
5. 広義の学習レントの場の拡大　109

第5章　日本のIT産業政策とレント 113
　1. 経済発展における政府とレントの役割　113
　2. 日本IT産業のキャッチアップと政府の役割　117
　3. 超LSI技術研究組合とレント　120
　4. IT産業の構造変化と日本の現状　124
　5. 超LSI技術研究組合後の産業政策　127
　6. 日本のIT産業政策の再考　129

第6章　芸術文化政策とレント 135
　1. 文化経済学と芸術文化政策　135
　2. 芸術文化市場の枠組み　141
　3. レントと芸術文化財　142

　COLUMN 1　中国経済におけるレントとレント・シーキング　149
　COLUMN 2　レントと東アジアの直接投資　151

理 論 編

第1章

レントとレント・シーキング理論の系譜

　本章の主たる目的は3つある。第1は、レントとレント・シーキングの概念を整理することである。レントにしても、レント・シーキングにしても、その概念と用法において著しい混乱がみられるからである。英語圏での借家暮らしの経験があれば、レントというと、まずは家賃を思い浮かべるであろう。とすれば、レント・シーキングはさしずめ家主が家賃を集金する行為、などと想像するかもしれない。しかしながら、政治学の世界ではレントもレント・シーキングも否定的に語られる傾向が強く、レント・シーキングはとりわけ汚職とほぼ同義語とさえいわれることがある（堀金 2010 p.209）。ところが経済学の立場からすると、必ずしも否定的な見方だけではない。レントとレント・シーキングを果たしてどのように捉えれば良いのだろうか。

　第2の目的は、レントとレント・シーキングに関する新古典派的解釈に見直しを迫ったカーンとジョモ（Khan and Jomo 2000ab）を踏まえて、レントとレント・シーキングの概念を再検討することである。同書を翻訳する機会に恵まれたこともあり、彼らが提起した、ある意味で挑戦的ともいえる解釈について検証したい。そこでは、独占レントのみに依拠してレントとレント・シーキングを一律に評価することを戒めるとともに、レントとレント・シーキングを単に静態的な資源配分の効率性のみならず、動態的かつ長期的にどれだけ成長に寄与するのかとの観点からも判断すべきとしている。

　第3の目的は、レントを新たな市場を作り、育てるためのインセンティブとして人為的に設置することについて検討することである。それは、日本経済の制度転換のためのインセンティブとして、レントを機能させることにも

通じる。実は、2012年7月1日より始まった再生可能エネルギー固定価格買取制度は、まさにレントを人為的に設置し、人々をレント・シーキングに向かわせることで、再生可能エネルギーの市場を立ち上げるとともに、その普及過程を圧縮するための制度である。ただし、このような試みは何も目新しいものではない。欧米先進国にキャッチアップする過程で日本が採用してきた幼稚産業保護政策は「後発性の利益」（Gerschenkron 1966）を内部化するとともに、その過程を圧縮するために、レントとレント・シーキングを利用してきたのである（末廣 2000 p. 59）。産業政策に対する評価は別の機会に譲るが、レントの設計がうまくいき、レント・シーキングを適切に管理することができるならば、上記制度が日本を再生可能エネルギー大国へと導いてくれるかもしれない。レントは果たしてこうした期待に応えてくれるのか。

以上の3つが本章での目的である。

1. レントとレント・シーキング理論とその変遷

(1) レントとは

まずはレントから定義する。レントは、もともとは地代、つまり小作人が耕作地を利用するとき地主に支払う地代という意味で用いられていた。ただし、経済学では意味が異なる。経済学でのレントは、生産要素を供給する立場からすると、超過利潤、あるいは超過所得、超過収入を意味する。必ずしも厳密ではないが、正常な水準を上回る受け取りといってもよかろう。

当然、正常な水準を定義しなければならない。それは、企業なり個人なりが、生産要素の供給者として、完全競争市場であれば本来受け取っていたと思われる利潤、あるいは所得、収入になる。そして、その水準を超える受け取りがレントというわけだ。ただし、理論上の完全競争市場は実在せず、企業や個人が次善の機会であれば受け取っていたと思われる利潤、あるいは所得、収入こそが、正常な水準、換言すれば機会費用であり、機会費用を超える受け取りこそがレントの実際的な定義となる[1]。

レント＝超過利潤＝受け取り－機会費用＞0

　ミクロ経済学の代表的テキストによると、レントとは「その生産要素が供給されるのに最低必要な支払いを超えて支払われる部分」(ヴァリアン 2007 p.363)、ないしは「一つの生産要素への支払いのうち、その生産要素を供給させるために必要とされる金額を超える分」(スティグリッツ 2000 p.712) となる。
　超過利潤、すなわちレントが生じるのは、財やサービス、あるいは生産要素といった投入物の供給が、短期でも長期でも、価格に非弾力的な場合になる。その典型は土地で、土地の場合は、その価格がどのような水準であっても、供給量は総量としては変化しにくい。つまり、埋め立てや建物の高層化などを考慮しなければ、供給の価格弾力性はゼロに等しくなる。供給が時間を問わず固定的であれば、価格は需要によってのみ決まり、希少性が続く限り、レントも存在し続けることになる。

(2)　レントはなぜ生じるのか

　希少性が生じるのは、2つの場合に大別できる。第1は、日々の経済活動の中で市場を通じて発生する場合である。たとえば、他企業の追随を許さない画期的な新製品を市場に送り出した企業というのは、知的所有権の有無とその執行の程度にかかわらず、しばらくは高い利潤を謳歌する可能性が高い。もちろん何も新製品に限ることなく、新たなサービス、新たな技術、新たな生産方法といった、いわゆる革新、つまりイノベーションが、それを生み出した生産者に高い利潤をもたらすのである。また、供給が需要に追いつかない技能や知識を備えた人材には通常高い報酬が支払われるが、それもまたレントを含んでおり、レントはそうした人材に対する希少性が続く限り、存続する。
　第2は、市場を経由しないままに、希少性が人為的に作り出される場合で

---

1) 以下、特に断りのない限り、供給側の立場に立ち、レントを超過利潤ないしは超過所得とする。ただし、どのような場合でも、需要側に立てば、超過支払いであること注意せよ。

ある。政府による許認可、免許、登録制度や各種規制というのは、多くの場合、政府がまさに人為的に希少性を作り出し、それがレントを形成する。幼稚産業保護政策、輸入代替工業化政策、競争制限政策なども同様であり、いずれも何らかの規制を通じて市場への自由な参入を制限し、結果として、供給を制約し、希少性、そしてレントを生み出すことになる。先に述べた革新が知的所有権を通じて一定期間法的保護を受けるのならば、それは政府が人為的に希少性を付与することになる。

上記のどちらの希少性にしても、レントが生まれる。しかし両者には大きな違いが存在する。市場を通じて得られる経済的レントの場合は、超過利潤の存在が新たな参入を促し、市場での競争を促進することになる。その結果、競争の激化とともに、希少性は薄まり、レントもまた消失していくことになる。つまり、長期的にみれば、超過利潤は消失し、供給者は正常利潤しか獲得できなくなるがゆえに、希少性もレントも一時的な存在にならざるを得ない。また、超過利潤すなわちレントを獲得する機会はいつでも誰にでも開かれており、超過利潤は市場に委ねる形で、時間の経過とともに需要者の余剰に変質し、需要者を資することになる。そして、この過程では通常、生産、所得、雇用の拡大が観察される。

それでは、市場の外から公的に付与される希少性、つまり政治的レントの場合はどうなるのか。希少性の存続する期間は政府の裁量に委ねられることになる。そのため、政府の裁量次第で、希少性から生まれる超過利潤は、特定の供給者の下でレントとしてそのまま存続する傾向がある。あるいは、特許権、実用新案権、意匠権、著作権といった知的所有権のように、希少性を付与される期間が法律で規定されている例もある。この間、レントは知的所有権者に帰属することになる[2]。

---

2) 特許権は一部25年。文芸、学術、美術、音楽、プログラムを対象とする著作権は法人の場合に公表後50年、映画は公表後70年。その他、物品の形状等の考案を保護する実用新案権は出願から10年、物品のデザインを保護する意匠権は登録から20年となっている。いずれも創作意欲を促進する目的で定められているが、2010年1月1日施行で改正されている。

希少性が公的に付与される理由は様々である。国内産業を育成する、国内産業を国際競争から保護する、過当競争を防ぐなどの目的を掲げて、国内産業に超過利潤すなわちレントを与え、国際競争に十分耐え得るようになるまで育成することなどは、レントが政策的に作り出されてきた典型的な理由である。すなわち、経済効率性の追求を一時的に犠牲にして、将来の生産、所得、雇用の拡大を目指すわけだが、一時的であったはずの措置が長年続いたり、成長をむしろ阻害したりする例は決して少なくない。あるいは研究開発を促進する、開発者の利益を守る、資源の持続可能な利用を進める、はたまた固有の文化を守るといったことも、レントを公的に付与する理由になっている。

　現実の世界を見渡すならば、上記で挙げた経済的レントにせよ、政治的レントにせよ、私たちの周囲には数え切れないほどのレントが存在している。実は、政治学と経済学の間で齟齬が生じるのは、上述した出自の異なるレントのうち、経済学が双方をレントと解釈するのに対し、政治学は人為的に作り出されたレントのみをレントと見なす傾向が強いがゆえである。

（3）　レント・シーキングとは

　次に、レント・シーキングを定義する。レント・シーキングとは文字通り、レントを追求する行為になるが、この言葉を先駆的に取り上げたクルーガー（Krueger, A. O.）は以下のように述べている。

　「多くの市場志向型経済において、経済活動に対する政府の規制は、紛れもない事実である。これらの規制は多様な形態のレントを発生させ、多くの場合、人々はこのレントを追い求めて競い合うことになる。そういった競争は、時には完全に合法的であるが、時には、レントシーキングは、賄賂、汚職、密輸、そして闇市場といった形態をとる」（Krueger 1974 p. 291）。

　再びミクロ経済学の代表的テキストに従うならば、レント・シーキングとは、「供給が固定的な要素に対する権利を保有または獲得するための努力」（ヴァリアン 2007 p. 365）、あるいは「通常、個人や企業が政府に働きかけてレントやその他の優遇措置を引き出そうとすること」（スティグリッツ 2000

p. 681) を意味する。また、カーン (Khan, M. H.) によれば、「レント・シーキングとは、レントを創出、維持、移転しようとして費やす資源と努力との支出」(Khan 2000b p. 70) と定義される。

　ところでレントが超過利潤である限り、レントを追求することは経済合理性に適う行為と捉えられる。ところが、ここで注意が必要になる。上記の第1のレント——つまり日々の経済活動の中で市場を通じて発生する経済的レント——を追求する行為は、ブキャナン (Buchanan, J. M.) に従うと、レント・シーキングと区別して、プロフィット・シーキング (profit-seeking)、すなわち利潤追求と表現される (Buchanan 1980 p. 4)。そして、このとき、レント・シーキングは上記の第2のレント、つまり政府により人為的に作り出される政治的レントを追求する行為を指すことになる。つまり、生産活動を通じて超過利潤すなわちレントを追求するのではなく、新たなレントの創出を政府に働きかけたり、既得権益としてのレントの維持を求めたり、あるいは他者の享受するレントを自らの手中に収めようとしたりする目的で時間や資金といった希少な資源を費やすことで、超過利潤を追求する行為ということになる。バグワティ (Bhagwati, J. N.) により、'Directly Unproductive, Profit Seeking (DUP) Activities' (Bhagwati 1982 p. 989) と名付けられた行為は、具体的には、ロビイング、陳情、政治献金といった合法的な形をとることもあれば、賄賂や非合法な政治献金といった非合法的な形をとることもある。

　繰り返すが、プロフィット・シーキングにしても、レント・シーキングにしても、どちらも超過利潤を追求する合理的行動である。ところが、この同じ目的から発する行為が二分され、前者は肯定的に、後者は否定的に語られることが多い。レント・シーキングを既得権益にしがみつく行為として非難するのは、以上のようなレント・シーキングの定義に従っているためである。

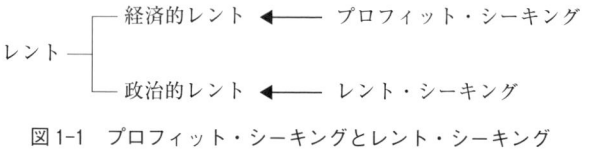

図1-1　プロフィット・シーキングとレント・シーキング

ただし、レント・シーキングをすべて資源の浪費とすることには疑問もある。たとえば、独裁体制の中で政治経済的自由を求める国民的運動なども、政治経済的自由なしには享受できないであろうレントを求める行為として、レント・シーキングと見なされるからだ。また、人為的にレントを設計して、プロフィット・シーキングを誘導しようとする試みも多い。本章ではその点を踏まえつつも、簡略化のため、ブキャナンの定義に従うことにする。

　プロフィット・シーキングとレント・シーキングとの違いをさらに確認しておこう。そこに投入される時間や資金はいずれも希少な資源であり、私たちに社会的費用を課すことには変わりはない。ところが、プロフィット・シーキングではこうした資源が生産活動に投入され、最終生産物として形を変えていくために、生産、所得、雇用の拡大などに結び付く傾向があり、その場合は社会的便益を生み出すことになる。社会的便益が社会的費用を上回る限りは、純社会的便益はプラスになる。ブキャナンは「秩序ある市場における利潤追求は、外部経済を生じさせ、(中略)利潤追求による社会的限界生産物が私的限界生産物を越えてしまう」(Buchanan 1980 p.4) と指摘する。それでは、レント・シーキングの場合はどうか。この過程に投入される資源は生産活動から漏れていかざるを得ない。そして、漏出する資源が多いほど、生産活動に向けられる資源はその分だけ減っていかざるを得ず、ここにも両者の大きな違いが存在するのである。以下、私たちの検討する対象は主として政治的レントとレント・シーキングになる。

(4)　政治的レントとレント・シーキングをめぐる解釈の変遷

①　"Harberger's triangle"

　レントがどれだけの社会的費用を伴うのかを考えてみよう。図1-2は、完全競争下にある各企業が価格 P_0 で、全体として数量 Q_0 の財を供給している産業の例である。ここで、各企業は価格 P_0 で総費用に等しい総収入を獲得しており、利潤はゼロ、レントも存在していない。ところが何らかの事態が起き、この産業で独占が形成されたとしよう。独占企業は供給量を Q_1 とし、独占価格 P_1 を設定することで、矩形 P_1ABP_0 で表される超過利潤を獲得す

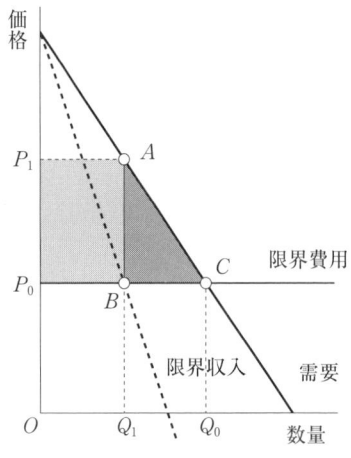

図1-2 ハーバーガーの三角形とタロックの矩形

ることになる。この超過利潤こそ独占レントであり、当初は消費者余剰の一部であった。

それではこのレントの社会的費用はどうなるのか。伝統的解釈に従うと、矩形 P_1ABP_0 は消費者から独占企業への所得移転に過ぎず、社会的費用とは認識されない。社会的費用と認識されるのは独占のもたらす△ABC に等しい死重的厚生損失であり、この三角形こそ独占のもたらす資源配分上の非効率、つまりレントによる社会的費用として認識されてきたのである。この△ABC は独占の厚生費用を測定する方法を提起し、1929年頃の米国製造業部門の独占による厚生損失が同国GNPの1%以下に過ぎないことを導き出したハーバーガー（Harberger, A. C.）に因んで、"Harberger's triangle"（「ハーバーガーの三角形」）と命名されている（Harberger 1959）。

② "Tullock's rectangle"

ハーバーガーの実証研究は、独占に対する分析を通じて、レントの社会的費用が限定的でしかないことを示唆したが、そのことがレント・シーキングに関する分析を推進することになる。クルーガー[3]、タロック（Tullock, G.）などは、独占のみならず、輸入数量制限、関税などの各種政府規制が生み出す様々なレントを分析対象に加えながら、レントがレント・シーキングを通じて、先の「ハーバーガーの三角形」を上回る社会的費用をもたらす可能性を見出していったのである（Krueger 1974, Tullock 1967）。タロックは、独占に

---

[3] クルーガーは、他の研究者の推計結果をもとに、1964年のインドでは輸入許可によるレントの社会的費用が当時の同国国民所得の7.3%、1968年のトルコでは当時のGNPの約15%になることを示唆した。

しても、輸入制限、関税、あるいは各種政府規制にしても、そうした政治的権益を獲得するために費やされる資源が、新たな社会的費用を私たちに課すことを強調する。政府の庇護を求めて超過利潤を謳歌しようとする者がその目的に沿ってレント・シーキングに資源を費やし、生産過程から希少な資源を漏出させていくのであれば、それは明らかな社会的浪費であるがゆえに、超過利潤を消費者から生産者への単なる所得移転と見なす伝統モデル自体を、不完全なものとして捉えている。先の図1-2を用いると、レントは、多くの場合、偶然に与えられるのではなく、利権を求める政治的競争市場において獲得されるものと考えられる。とすれば、レントを手に入れるために費やすレント・シーキングの程度にも合理的な競争解が存在し、それはレントの獲得によって期待される限界収益（矩形 P_1ABP_0）に等しくなる。つまり、先の独占の例では、独占レントの獲得を目指して最大で矩形 P_1ABP_0 に等しい費用を費やすということになり、それがレント・シーキングに向けられ生産過程から漏出するのであれば、矩形 P_1ABP_0 は社会的費用でしかないというのである。その結果、レントの社会的費用は「ハーバーガーの三角形」に、最大でレントそれ自体の大きさに等しくなる矩形 P_1ABP_0 を加えたものに修正されねばならない。この矩形 P_1ABP_0 は "Tullock's rectangle"（「タロックの矩形」）と命名されている。

　タロックの矩形の大きさを推計することは難しい。仮に割引現在価値で10億円の独占利潤を目指して10企業が競合し、そのとき、各企業とも独占を獲得する確率が1/10で、危険中立的であると単純化するならば、それぞれの企業が独占獲得に向けて費やす支出は、1億円に達すると考えられる。独占企業となる企業は1億円のレント・シーキング費用で10倍の独占利潤を手に入れることになるが、独占の獲得に費やす総費用は、敗者のレント・シーキング費用も加えて、ちょうど10億円になる。レント・シーキング費用がレントそれ自体の大きさに等しくなることを例示する単純な例だが、同時に、レント・シーキング費用のほとんどが敗者の支出で占められる可能性も示唆している（Tollison 1982, Tollison and Congleton 1995 pp.74-100）。

　レントの社会的費用を導く上記の考えは、独占に限らず、様々な政府規制

に適用されている。図1-3は、輸入関税により発生するレントの社会的費用を表している（原田・香西 1987 pp.177-178）。ある財の世界供給曲線をS_w、国内生産者による供給曲線をS_j、国内需要曲線をD_jとすると、この財の国内価格P_jは、関税導入前は世界価格P_wに一致し、国内生産量はQ_1、輸入量はQ_1Q_0となる。このとき、国内生産者が輸入関税導入を求めてレント・シーキングを開始し、結果として、製品1単位当たりtに相当する関税が導入されたとすると、新たな国内価格P'_j、国内生産量Q'_1、輸入量$Q'_1Q'_0$の下、国内生産者は$P_jBCP'_j$に等しいレントを手にし、政府は$CEGF$に等しい関税収入を得るが、消費者は$P_jHFP'_j$だけ余剰を失うことになる。とすると、関税の導入は国内生産者が享受するレントと関税収入との合計を、△BCEと△FGHという2つの三角形分だけ上回る消費者の損失をもたらし、社会的損失を招くことになり、レントが「ハーバーガーの三角形」2つ分に相当する社会的費用を発生させることになる。ところが、タロックの指摘によれば、国内生産者が享受するレント$P_jBCP'_j$もまた社会的費用として換算されねばならない。最大でそのレントに見合う分だけのレント・シーキングに希少な資源が費やされたと考えられるからである。$P_jBCP'_j$は矩形ではないが、「タロックの矩形」に準じることになる。費やされた資源は、レント・シーキングがなければ、生産活動に投入されていたと考えられるからだ。以上から、

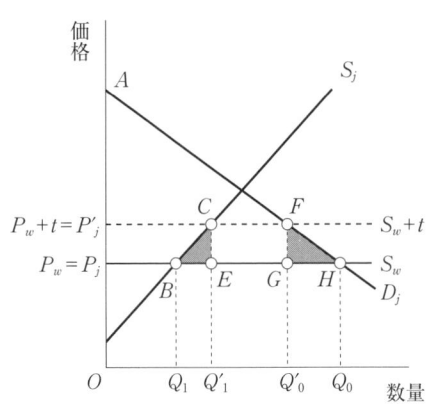

図1-3 関税とレントおよびレント・シーキング

関税導入による社会的費用は、最大で$P_jECP'_j$と△FGHの合計に等しくなると考えられるのである。

　以上で検討したように、レントの社会的費用とは、伝統理論で指摘されてきた厚生損失（「ハーバーガーの三角形」）に留まらず、レントそれ自体（「タロックの矩形」）——つまりレントを獲得するために費やされる資源

——を加えた大きさに等しくなり、両者の合計がレントの社会的損失と見なされるのである。自らの企業や業界などを利するレントが、無作為ではなく、レント・シーキングの支出額に応じて配分されるような事態が起きるならば、そのことは単純なゲーム理論が導く軍拡競争のごとく、多くの企業や業界などを新たなレント・シーキング競争に駆り立てる可能性もある。レントを手にした者は、今度はレントを手放さずに済むように、あるいは他者のレント・シーキングを妨害しようとして、新たな資源を費やすかもしれない。そして、対抗者がさらなる資源をレント・シーキングに投じていく可能性もある。しかも、消費者の利益がこうした活動によって損なわれるとするならば、消費者側も黙ってはいないはずだ。組織強化に努め、生産者側のレント・シーキングを頓挫させるべく資源を投入していくとも考えられる。こうして、レント・シーキングはともすれば組織化、産業化し、浪費が浪費を招いていくことにもなりかねない。タロックは、レント・シーキングの状況を模した N 人によるゲーム・モデルを用いて、レント・シーキングに費やす支出がレントを大きく上回る可能性のあることも指摘している（Tullock 1980）[4]。

　レント、そしてレント・シーキングに対する評価は、以上で述べたような経緯を踏まえて、否定的度合いを強めていったのである。そこでは、レントを、効率的市場では存在せず、本来生産活動に投入されるべき希少な資源を浪費するレント・シーキングを誘発し、資源配分上の非効率を高め、社会的損失を拡大させる行為と捉えていった。とりわけ新古典派経済学者のレントに対する評価は厳しく、レントは経済の非効率性の象徴となっていったのである。

---

4) レント・シーキングと同様に、プロフィット・シーキングでも理論上の競争解が想定できる。つまり、プロフィット・シーキングに投入される費用は最大で予期されるプロフィットに等しくなる。そして、そこにおいては敗者の投じる費用が多くを占めることになる。ただし、レント・シーキングの場合と同様に、プロフィット・シーキングの費用もプロフィット自体を超える可能性が指摘されている（Frank and Cook 1995）。

2. レントとレント・シーキングに対する再評価の試み

(1) 従来の見解への挑戦

　カーンとジョモ（Jomo, K. S.）は、アジア通貨危機が起き、それまで高成長を続けていたアジア経済に対する肯定的評価の見直しが進む中で登場した（Khan and Jomo 2000ab）。アジア通貨危機の背景にあるのはこの地域で蔓延しているレントと、その結果として横行している汚職、リベート、縁故主義などを伴うレント・シーキングではないのか、こうした制度的枠組みを根本的に改めない限りこの地域の前途は明るくならないといった認識が、通貨危機の直接的原因をめぐる論争と混在しながら、広がっていた時期であった。カーンとジョモはそうした意見に対し、「レントは至る所に存在し、経済はレントと共存する術を学ばなければならない（中略）良性のレントというものも存在し、それらを促進する諸制度はレント・シーキングの存在にもかかわらず経済発展を推進する。しかし、悪性のレントも存在し、こちらを促進すれば、結果として弊害を生むレント・シーキングに繋がる。発展途上国だろうが先進国であろうが、レントを廃止することでレント・シーキング問題を解決した社会は存在しない」（Khan and Jomo 2000b 翻訳書 p.32）と述べ、レントを一律に非効率と見なすことの誤りを指摘し、レントを廃し、レント・シーキングを抑制する制度的枠組みを築き上げることこそ経済発展を促進するといった新古典派的解釈に、挑戦をしたのである。

　カーンとジョモはまず、レント・シーキングに対する従来の分析は、レント・シーキングの投入費用、つまり、どれだけの時間、労力、資金といった資源がレント・シーキングに費やされるかというインプット面ばかりに注意を払い、その費用をもってのみレント・シーキングの社会的費用を測定しているが、本来は、レント・シーキングによってどのようなレントが創造、維持、あるいは移転されるのか、そして、そのレントがどれだけの社会的便益ないしは社会的費用を時間とともにもたらすのかという、レント・シーキングのアウトプット面も併せて考慮しなければならないと指摘する。レント・

シーキングは、そのインプットとアウトプットの両面を考察することではじめて、レントの純社会的便益ないしは純社会的費用について論じることができるとの主張である。

カーンとジョモはまた、様々な種類のあるレントのうち、独占レントだけを取り上げて、レントを非効率で成長阻害的と一律に断ずるのは誤りとも主張する。レントには、静態的に資源配分上の非効率を招くものが存在する一方で、動態的には、アジア諸国の多くがレントの存在にもかかわらず高成長を遂げたように成長を促すものもあれば、反対に成長を阻害するものもあると指摘する。

(2) レントの総合効果

図1-4は、レント・シーキングが時間や労力をはじめとする希少な資源を生産過程から漏出させ、機会損失を発生させるものの、偶発的に生まれたレントにせよ、レント・シーキングの結果として作られたレントにせよ、そのレントが新たな、ある種の権利構造を築き、経済主体に対する新たなインセンティブ（あるいはディスインセンティブ）として生産過程に影響を与え得ることを示している。また、当初のレントがレント・シーキングの結果として新たな種類のレントに変質するのであれば、そのときは新たな権利構造が当初の構造に代わって、生産過程に新たなインセンティブ（あるいはディスインセンティブ）を与えることにもなる。

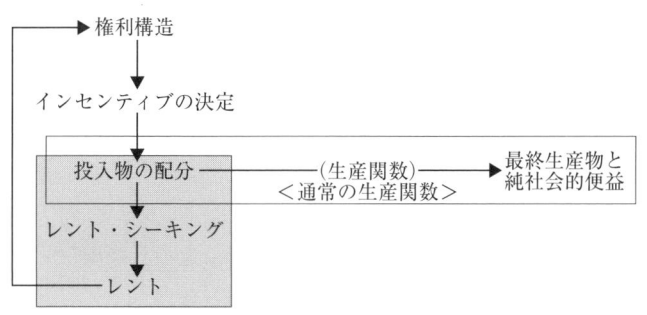

図1-4　生産関数とレント・シーキング

新たな権利構造下で生まれる新たなインセンティブは動態的に経済を成長させるかもしれないし、反対に、経済成長を抑制するかもしれない。いずれにしても、時間とともに、新たな社会的費用を課すこともあれば、反対にマイナスの社会的費用、換言すればプラスの社会的便益をもたらす可能性もある。つまり、レント・シーキングはその過程でどれだけの資源が投じられたかというインプット面だけでなく、レント・シーキングの結果としてどのようなレントが創造、維持、移転され、そのレントがどのような影響を経済に与えるのかというアウトプット面も併せて考慮しなければならず、そして、そのうえではじめてレント全体の評価が可能になるというのがカーンとジョモ（Khan and Jomo 2000ab）、とりわけカーン（Khan 2000a）の主張である。したがって、仮に、あるレントがその社会的費用を凌駕するだけの社会的便益を経済にもたらしていると判断できるならば、そのレントには肯定的評価が与えられて然るべきことになる。

(3) レントの類型

　レントは、至るところに存在するとともに、その種類は実に様々である。カーンは数あるレントのうち独占レント、天然資源レント、移転レント、シュンペーター・レント、学習レント、モニタリング・レントの6種類を取り上げて類型化するとともに、それぞれが効率性と成長に与える影響をまとめている。

　表1-1は、以上の6種類のレントそれぞれが、効率性と成長に与え得る影響を整理している（Khan 2000a pp. 66-68）。カーンが静学的観点から資源配分上の非効率を生むと明言しているのは、独占レントと学習レントの2つに過ぎず、レントを一律に非効率と見なすことを戒めている。次に、動学的観点から成長に与える影響に関しては、独占レントだけを「成長抑制的（Likely to be growth-reducing）」（Khan 2000a p. 68）としているが、これは独占レントが革新や学習を導く可能性を否定しているのではない。独占レントが革新ないしは学習を導く場合には、独占レントとしてではなく、「成長促進的傾向あり（Likely to be growth-enhancing）」（Khan 2000a p. 68）とするシュンペー

表1-1 様々なレントの成長と効率性に対する含意

レントの型態	効率性への影響（静学的純社会的便益）	成長への影響（動学的純社会的便益）	考察
独占レント	非効率的	成長抑制的傾向あり	シュンペーター・レントや学習レントと区別しづらいときがある
天然資源レント	効率的	成長促進的傾向あり	
移転レント	中立。ただし効率的なインセンティブを持つ可能性がある	不確定。ただし、成長促進的場合あり	本源的蓄積と政治的安定の維持にとって不可欠な場合もあるが、急速に非効率となる場合もある
シュンペーター・レント	効率的な場合もある	成長促進的傾向あり	長期間放置し過ぎると、独占レントになる場合もある
学習レント	非効率的	成長促進的場合あり	効率性は国家のモニタリング能力と執行能力に依存する場合もある
モニタリング・レント	効率的な場合もある	成長促進的場合あり	効率性はモニター担当者のモニタリング能力と執行能力に依存する場合もある

ター・レントないしは「成長促進的場合あり（May be growth-enhancing）」とする学習レントとして扱っているのである。そして、残りのレントに関しては、移転レントには「不確定」との表現も用いているが、いずれも「成長促進的傾向あり」ないしは「成長促進的場合あり」（Khan 2000a p.68）としている。

以下、独占レント、シュンペーター・レント、そして学習レントについてのみ、その特徴を概略する。

① 独占レント

独占レントは、参入規制や輸出入ライセンスといった市場制約が生み出す超過利潤である。独占と対置する完全競争市場では、参入・退出が自由で、いかなる超過利潤したがってレントも競争を通じて時間とともに消滅していくが、独占の場合は過少生産と価格上昇を伴い、独占利潤が継続しやすい。図1-5は、独占レントと独占がもたらす資源配分上の非効率性、つまり死重的厚生損失（「ハーバーガーの三角形」）を示している。この独占レントを単なる

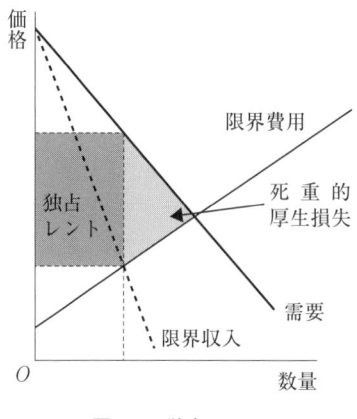

図1-5　独占レント

所得移転とはせずに、その獲得のために独占レントに等しいだけの資源がレント・シーキングに費やされ、その分の資源が生産過程から漏出すると考えると、独占レントは機会損失として、言い換えれば、「タロックの矩形」として新たな社会的費用を課すことになる。

以下2点の可能性について追記しておく。まず第1は、競争圧力の欠如が独占企業の費用削減に向けた努力や革新を生み出そうとする意欲を弱める可能性である。この可能性は静学的意味での資源配分上の非効率と区別して「X－非効率性（X-inefficiency）」（Leibenstein 1966, 1976）[5]と命名されているが、仮に「X－非効率性」が顕在化するならば、資源配分上の非効率は「ハーバーガーの三角形」を上回る可能性もある。第2の点は、第1の可能性とは反対に、超過利潤が独占企業の研究開発を促進し革新を生み出す可能性である。単純な新古典派理論は費用をかけることなく技術を利用できるものとして扱うが、現実にはその獲得には費用がかかる。超過利潤がさらなる研究開発を促し、革新を生み出すための原資として機能していくならば、独占利潤は単なる独占レントではなく、後に述べるシュンペーター・レントへとその性質を変えていくことになる。こうした可能性を考慮するならば、独占レントによる社会的費用というのは、死重的厚生損失として表される「ハーバーガーの三角形」、独占を獲得、維持、あるいは移転するために費やしたレント・シーキング費用に相当する「タロックの矩形」、そして、第1で述べた「X－非効率性」という3つを合計した社会的費用と、革新を通じて時間とともに生み出される社会的便益とを、と

---

[5]　Leibenstein（1966、1976）は、組織の肥大化と競争の欠如は労働モラルを低下させ、X－非効率性を発生させると考えた。

もに現在価値で比較したうえで、純社会的費用あるいは純社会的便益として求めることが必要になる。その結果、純社会的費用がマイナス、あるいは純社会的便益がプラスになるのであれば、繰り返しになるが、レントに対する従来の解釈は根本的な見直しを迫られることになる。

② シュンペーター・レント

シュンペーター・レント（Schumpeterian rent）とは、他企業が短期間では追随できないような革新を生み出した企業が享受し得る革新への報酬であり、シュンペーター（Schumpeter, J. A.）の革新に対する分析に基づいて命名されている。革新とはここで、新たな技術を体現した製品であったり、新たな生産や経営のあり方であったり、あるいは既存の技術、生産・経営方式の組み替えであったりと、様々な形をとる。レントが生じるのは、革新を生み出した企業が競争相手に対して費用や品質面で優位に立つからで、その結果、革新的企業は次善の選択肢に比べて、より高い収益を獲得することになる。シュンペーター・レントは他企業が追随するまで存続するが、知的所有権に法的保護を与えることで、その存続期間を人為的に変えることもできる。

図1-6は、革新を生み出した企業が、他企業より低い限界費用 P_2 の下、最大 Q_2 だけの生産能力を備えていることを示している。市場全体での需要量 Q_1 に満たない分は限界費用の高い他企業によって供給されねばならず、財の市場価格は結局、P_1 に決まる。市場全体での供給曲線を P_2DAB と考えれば良い。このとき、この革新企業はシュンペーター・レントと記された矩形 P_1ADP_2 の生産者余剰を獲得する。革新を生み出さなかったならば享受できなかったがゆえに、この生産者余剰はレントの定義に従うことになる。

シュンペーター・レントは革新への呼び水として機能し、多額の研究開発費とともに大きなリスクを伴うことの多い革新を生み出す過程へと、希少な資源を誘引することになる。シュンペーター・レント自体は資源配分上の非効率を発生させることはなく、むしろ効率性を高めていく。図1-6で概念上の死重的厚生損失と記された領域は、競争相手による追随あるいは模倣が進まない場合に顕在化する潜在的な死重的厚生損失を表す。なぜならば、他企

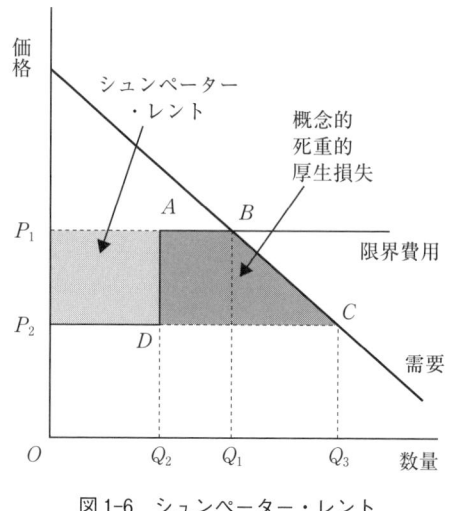

業が革新企業に追随ないしは模倣するならば、この財の価格が P_2 まで低下し、購入量が Q_3 まで拡大することで、消費者はシュンペーター・レントを自らの余剰とするとともに、概念上の死重的厚生損失と記された領域 $ABCD$ を追加的余剰として取り込むことができるからである。このとき、領域 $ABCD$ は革新がもたらす追加的な社会的便益と見なすことができる。裏返せば、知的所有権を法的に一定期間保護することは、シュンペーター・レントの存続を人為的に長期化させ、革新を生み出すインセンティブを高めるだけではなく、その反対に、図1-6の概念上の死重的厚生損失を顕在化させ、資源配分上の非効率を発生させる危険性も備えていることになる。それがゆえに、知的所有権の保護期間をどう設定するか次第で、レントの社会的費用ないし便益が大きく変化する可能性がある。

図1-6 シュンペーター・レント

最後に、シュンペーター・レントの存在は、ブキャナンの用語でいうプロフィット・シーキングを促進すると期待されるが、知的所有権の保護期間延長などを働きかけるレント・シーキングにもつながりかねず、その場合は、シュンペーター・レントが独占レント化する懸念があることも付記しておく。

③ 学習レント

学習レントは発展途上国が先進国の技術を学習することを促し、その過程を円滑に進める目的で政府により設定される人為的レントで、具体的には、育成を目指す産業への直接的補助金、低利融資、輸入関税などの形態をとる。学習への補助が正当化されるのは、レントが付与されなければ、途上国企業

の選択する技術が導入リスクの低い既存技術になりがちで、生産性向上をあまり期待できない一方で、新しい技術は導入に伴うリスクは高いものの、学習が進めば当該部門の生産性向上に大きく寄与するとともに、その他部門への波及効果も期待でき、将来にわたっての社会的便益をより大きくすることも可能と考えられるからである。

図1-7は、生産性が低いため、低賃金にもかかわらず、国内産業の限界費用曲線 DCE が外国の同じ産業の曲線 ABQ よりも高い位置にある発展途上国の例を示している。対象とする財の世界価格が PP' のとき、途上国の産業はまったく生産できず、Q_2 の国内需要分をすべて輸入に頼っている。

途上国政府が当該産業を育成すべく、産出量1単位当たり AD、総額で $ABCD$ を上限とする補助金を支給するとしよう。この補助金は、当該産業にとっては次善の所得をその分だけ増やすためにレントの定義に従うことになる。補助金は国内産業の限界費用を $ABCE$ へと一部低下させることで、Q_1 の国内生産を可能にし、輸入量を Q_1Q_2 に減らしていく。学習が進むほど、国内産業の限界費用曲線は下方にシフトしていくのである。仮に、限界費用が国際的水準の ABQ まで下方にシフトし続けるならば、価格線 PP' の下、国内産業が Q_2 まで生産を増やし、APQ の生産者余剰を自ら獲得できるようになると、補助金はもはや不要になる。この間、補助金 $ABCD$ のうち、補助金支給下で国内産業の生産者余剰になる $ABFP$ の部分を除く、$PFCD$ が社会的費用を構成する。また、補助金は税負担を伴うがゆえ、

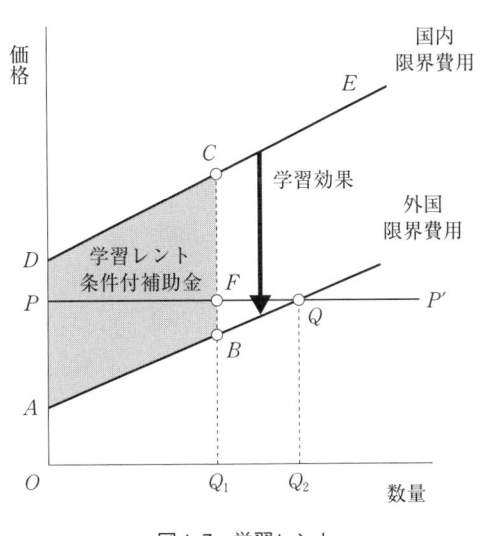

図1-7　学習レント

税を負担する部門に死重的厚生損失を招かざるを得ず、そこでも社会的費用を発生させることになる。それでは、社会的便益はどうか。将来獲得の期待される生産者余剰 APQ と、当該産業での学習を通じて他部門に波及する外部効果の合計になる。双方の累計値から割引価値を求めて、仮に社会的便益が社会的費用を上回り、純社会的便益がプラスの値を示すことがあれば、そのときレントは正当化されることになる。なお、シュンペーター・レントの場合と同じく、学習レントも保護期間の設定が重要となる。短過ぎる保護期間は将来にわたる社会的便益を限定する一方で、長過ぎる保護期間は社会的費用を膨らませるとともに、学習速度の減速を招きかねない。

カーン（Khan 2000a）が繰り返し強調しているのは、レントを評価するうえでは、それぞれのレントそしてレント・シーキングがもたらす主として資源配分上での非効率性という社会的費用、あるいはマイナスの社会的便益だけではなく、主として成長という面で時間とともに生み出される社会的便益にも焦点を当てなければならないという点である。そして、仮に双方の割引現在価値を比較して純社会的便益がプラスの値を示すことがあるならば、そのレントは肯定的に評価されて然るべきということになる。つまり、彼らはレントを評価するうえでの新たな尺度を提起したのである。

3. 再生可能エネルギー普及の試み

(1) 再生可能エネルギー固定価格買取制度

2012年7月に始まった再生可能エネルギー固定価格買取制度は、再生可能エネルギーで発電された電力を、その種類や発電規模に応じて、一定期間、生産コストよりも高い一定の固定価格で買い取ることを電力会社に義務付けることで、再生可能エネルギーの普及を後押しするしくみである。対象となるのは、太陽光、風力、中小水力（3万kW未満）、地熱、バイオマスである。電力会社が買い取りに要した費用は、使用電力量に応じた賦課金として、需要者それぞれの電気料金に上乗せされることになる（表1-2）。なお、新規再

表1-2 再生可能エネルギーの買取価格と期間

発電の出力	調達価格（円/1 kW 時）	調達期間（年）
太陽光		
10 kW 未満	42	10
10 kW 以上	42	20
風力		
20 kW 未満	57.75	20
20 kW 以上	23.1	20
地熱		
1.5 万 kW 未満	42	15
1.5 万 kW 以上	27.3	15
中小型の水力		
200 kW 以上、1000 kW 未満	30.45	20
1000 kW 以上、3 万 kW 未満	25.2	20
バイオマス（一般木材）		
	25.2	20

出所：経済産業省資源エネルギー庁「再生可能エネルギーの固定価格買取制度」。

生可能エネルギー発電事業者に対する買取価格は、国会の同意を得た第三者機関によって半年ごとに見直しが可能となっており、後になるほど低減していくと考えられる。それは、発電設備だけを考えても、生産量増加を通じた量産効果や学習効果、あるいは技術革新を通じて価格低下が見込まれるとともに、電気料金への賦課金を抑制し、電気料金の上昇を抑える狙いもある。また、新規再生可能エネルギー発電事業者に対する買取期間も、同じ第三者機関によって3年ごとに見直しが可能となっている。

正式名称を「電気事業者による再生可能エネルギー電気の調達に関する特別措置法」とする再生可能エネルギー固定価格買取制度の法案は、奇しくもあの東日本大震災が発生した2011年3月11日の午前中に閣議決定されていたが、福島第一原子力発電所の事故による原発の稼働停止による電力不足や原発政策をめぐる混乱により、エネルギーの安定供給を確保する意味からも、あるいは地球温暖化対策としても、再生可能エネルギーの普及において遅れをとってしまった日本にとって、後発性の利益を内部化するとともに、その

普及過程をさらに圧縮していくことが急務となっているのである。まさに人為的にレントを設置することで、人々をレント・シーキングならぬプロフィット・シーキングに向かわせ、再生可能エネルギーの普及を促進することを目指しているのである。

　具体的目標としては、2010年実績の電源別電力供給構成における再生可能エネルギーの比率である10％（ただし大規模水力発電を含む）を、想定される原子力発電所の稼働状況（原発の2030年時点の電源別発電構成比は0、15、20～25％とする3つのシナリオ）に基づいて、2030年に25～35％まで高めることが検討されている。これは、当初のエネルギー基本計画が目指していた火力35％、再生可能エネルギー20％、原子力45％という電源別電力供給構成比からの大幅な見直しである（経済産業省 2012 p.53）。

(2)　レントによる再生可能エネルギー普及の試み

　それでは、以上の再生可能エネルギー固定価格買取制度の目指すところを、先の学習レント（図1-7）に当てはめて検討してみよう。図1-8は、横軸が発電量、縦軸が価格、ABCは既存の電力会社が電力を供給する際の限界費用曲線、DEFは太陽光発電の限界費用曲線を表している。水平線$P_0P'_0$は現在の電気料金とする。この国の発電量はQ_1となるが、このとき、既存電力会社が△P_0CAに等しいレントを享受しているとしよう。地域独占がなければ享受できないとして、この生産者余剰をとりあえずレントと見なすことにする。現行電気料金の下、太陽光発電は採算が取れず、同発電量はゼロになることはいうまでもない。ここで太陽光発電を普及させるべく、固定価格買取制度を始めたとする。買取価格を$P_1P'_1$とすると、電力市場に太陽光発電事業者が参入し、この制度下ではQ_1の総発電量のうちQ_2まで太陽光発電による供給が進むことになる。このとき△P_1EDが太陽光発電事業者にとってのレントとなる。買取制度が導入されなければ享受できなかったがゆえに、この生産者余剰はレントの定義に従うことになる。一方で、既存電力会社のレントは太陽光発電を全量買い取ることが義務付けられているため、△GCBに縮小せざるを得ない。レントが既存電力会社から新規に参入した

太陽光発電事業者に移転したことになる。

　発電設備などの生産拡大が量産効果や学習効果につながれば、太陽光発電の限界費用曲線が下方にシフトする。革新も同様の効果を持つ。こうしたプロフィット・シーキング活動は太陽光発電の限界費用曲線をさらに下方シフトさせ、買取価格 $P_1P'_1$ を一定とすると、

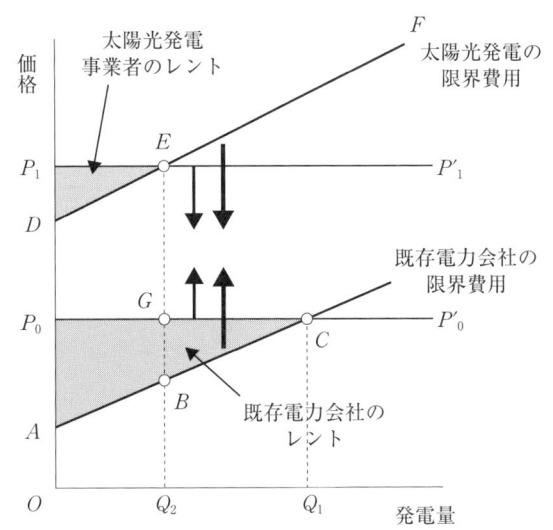

図1-8　再生可能エネルギー固定価格買取制度によるレント

太陽光発電事業者のレント、$\triangle P_1ED$ は拡大し、太陽光発電量も増えていく。買取価格が翌年以降下がっていくならば、早期参入は加速化しよう。こうした過程を経て、太陽光発電の限界費用曲線が相当程度下がっていくならば、Q_1 の総発電量はすべて太陽光発電で賄うことになり、既存電力会社のレントは消失する。しかし、太陽光発電事業者の限界費用曲線の下方シフトは、太陽光発電由来電力の買取価格の引き下げを促すことにもなる。また、太陽光発電事業者の新規参入増は既存電力会社に送電網の拡充などを迫り、電力供給の限界費用曲線を上方シフトさせる。同時に、電力需要者に対する賦課金上昇が、電気料金 $P_0P'_0$ を上昇させることにもなる。

　上記の枠組みの中で太陽光発電がどこまで普及するかは、太陽光発電の限界費用がどこまで下がるのか、また買取価格がどれだけ維持され、どこまで下がっていくのかに左右される。既存の電力会社にとっては、太陽光を含む再生可能エネルギーの買取が自らの限界費用をどれだけ高めるのか、あるいは費用の増加をどこまで抑制できるのか、そして賦課金を含む電気料金をどこまで引き上げられるのかが重要になる。再生可能エネルギー固定価格買取

制度の難しさは、買取価格を高く設定すれば、参入が増え、太陽光発電の普及が進むが、それは同時に電気料金を高くし、国民に負担を強いることになる一方で、買取価格を低くすれば、賦課金は抑制されるが、太陽光発電の普及は進まないことにある。いずれにしても、太陽光発電事業者と既存電力会社とが、プロフィット・シーキングあるいはレント・シーキングを通じて、レントを激しく奪い合うことが想像できよう。

(3) レント設計の難しさ

　新たなレントを付与して、再生可能エネルギーを普及させる試みはどのように評価されるのか。カーンとジョモ（Khan and Jomo 2000ab）、とりわけカーン（Khan 2000a）の問題提起をもってしても、様々な問題が山積していることは間違いなかろう。

　その理由の第1は、レントがレント・シーキングを誘発し、レント・シーキングの温床となりかねないからである。どのようなレントであれ、レントはレント・シーキングを誘発する。再生可能エネルギーの場合にしても、買取制度の導入を受けて、太陽光発電事業者のみならず、新たな参入事業者によるプロフィット・シーキングに期待はするものの、今後、買取価格や買取期間をめぐる攻防が繰り広げられることは想像するに難くない。一方、既存の電力会社側も電気料金値上げ、賦課金額をめぐって、引き続きレント・シーキングに精を出すに違いない。再生可能エネルギーの買取量が増えれば、電力会社が「電気の円滑な供給の確保に支障が生ずるおそれがあるとき」買い取りを拒否できるという「電気事業者による再生可能エネルギー電気の調達に関する特別措置法」の条項を盾にとる可能性もあろう[6]。しかも、原発の稼働や今後の発送電分離をめぐる攻防も加わることで、レント・シーキングが錯綜しかねないのである。

　第2は、政策担当者が果たしてどれだけレントを適切に管理できるのかとい

---

6) 経済産業省資源エネルギー庁「買取制度の法令・契約：再生可能エネルギーの固定価格買取制度」参照。

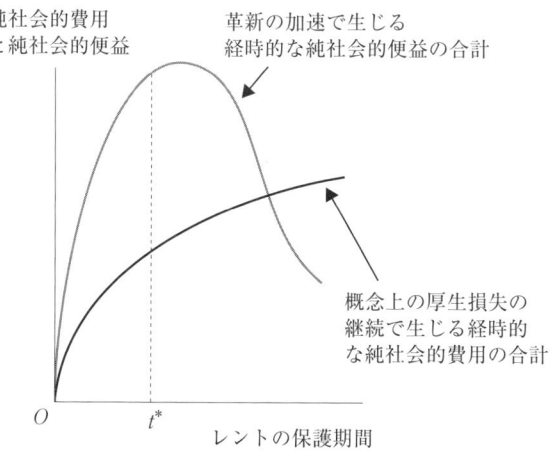

図1-9 シュンペーター・レント（と学習レント）による動学的純社会的便益

う管理能力の問題である。図1-9はシュンペーター・レントを用いて、革新の加速によって想定され得る社会的便益と社会的費用の経時的な推移を例示している（Khan 2000a p.45）。レントを適切に管理することがいかに困難であるかが理解できるはずだ。政府が革新を加速するためにシュンペーター・レントに人為的保護を加えるとすれば、まず、それが生み出す社会的便益と社会的費用を算出したうえで、最適な保護期間（t^*）を設定する必要がある。再生可能エネルギーの例では、t^*は再生可能エネルギーの買取期間に相当するだろうが、最適期間を導き出すうえで必要となる社会的便益には何が含まれ、何が含まれないのか。当然、そこには価値判断が加わってくる。しかも政府に限らず、誰がレントを管理するにせよ、それは限られた情報の中で、不確実性に対処していくことになる。現実は完全情報の世界ではなく、「限定合理性（bounded rationality）」（Simon 1961）の中での適切な管理が求められ、不確実性に遭遇することになる。しかも、レントは、それがひとたび作られると多方面からのレント・シーキングにさらされて、その性質を変えていくことがしばしば観察される。また、利権の温床にもなりかねない。それゆえ、その管理は難しく、レントが新たな政府の失敗につながりかねない。それが

過去の教訓であり、カーンとジョモ（Khan and Jomo 2000ab, Khan 2000ab）がレントを評価する新たな尺度を提示する一方で、繰り返し強調している点である。

また、当初の狙いが外れて、レントがマイナスの純社会的便益をもたらしていると判断されれば、当然、そのレントは廃止されねばならない。その判断には高度な情報の収集、処理、分析能力を必要とすることはもちろんだが、いずれも限定合理性と不確実性に制約されることになる。また、どのくらいの期間を踏まえて最終的な判断を下すのか。10 年なのか、20 年なのか、それとも 30 年なのか。ここにもレント・シーキングが入り込む余地がある。そして、ひとたびレントを廃止するとの判断がなされるなら、それを敢然と実行に移すだけの政治力も求められる。以上のような高い能力を持つ「賢い政府」であれば、レントを適切に管理することができるかもしれないが、それでも限定合理性と不確実性という制約、そして多方面からのレント・シーキングにさらされることになる。こうした現実を考慮に入れるならば、政策担当者に対する、そしてレントに対する過剰な期待は戒めなければならない。

ただし、経済学は人々がインセンティブによって行動することを前提とする学問である。そして、人々がレント・シーキングに資源を費やすのは、レントに何らかのインセンティブがある証左である。そのインセンティブを、レント・シーキングではなくてプロフィット・シーキングを目指す方向に改めることはできるはずだ。経済学が教えることは、インセンティブの構造を変えることで、人々の行動を変えることができるということである。そうであれば、人為的に設置する新たなレントに、その役割を果たさせるべく、経済学、政治学、行政学などの分野からの知見を結集する必要がある。

■参考文献■

Bhagwati, J. N. (1982). "Directly Unproductive, Profit-Seeking (DUP) Activities." *Journal of Political Economy* **90**(5): 988-1002.

Buchanan, J. M. (1980). "Rent Seeking and Profit Seeking." in Buchanan, J. M., Tollison, R. D. and Tullock, G. eds. *Toward a Theory of the Rent-Seeking*

Society, Chapter 1, College Station. Texas: Texas A & M University Press, pp. 3-15.

Congleton, R. D., Hillman, A. L. and Konrad, K. A. eds.(2008a). *40 Years of Rent Seeking 1: Theory of Rent Seeking*. Heidelberg: Springer.

―― (2008b). *40 Years of Rent Seeking 2: Applications: Rent Seeking in Practice*. Heidelberg: Springer.

Frank, R. H. and Cook, P. J. (1995). *The Winner-Take-All Society*. New York: Penguin Books.

Gerschenkron, A. (1966). *Economic Backwardness in Historical Perspective*. Cambridge: The Belknap Press of Harvard University Press.

原田泰・香西泰（1987）『日本経済発展のビッグ・ゲーム』東洋経済新報社。

Harberger, A. C. (1959). "Using the Resources at Hand More Effectively." *American Economic Review* **49**: 134-146.

堀金由美（2010）「レント、レント・シーキング、汚職と開発の政治経済学」『政経論叢』明治大学政治経済研究所、**78**（5・6）、207-241頁。

加藤学（2004）「産業政策におけるレント・シーキングとガバナンス」黒岩郁雄編『開発途上国におけるガバナンスの諸課題―理論と実際』アジア経済研究所。

経済産業省編（2011）『エネルギー白書2011』新高速印刷株式会社。

―― (2012)『エネルギー白書2012』新高速印刷株式会社。

Khan, M. H. and Jomo, K. S. eds. (2000a). *Rents, Rent-Seeking and Economic Development: Theory and Evidence in Asia.* Cambridge: Cambridge University Press.（カーン、M. H.、ジョモ、K. S. 編、中村文隆・武田巧・堀金由美監訳『レント、レント・シーキング、経済開発―新しい政治経済学の視点から』人間の科学新社、2007年）

―― (2000b). "Introduction." in Khan, M. H. and Jomo, K. S. eds. *Rents, Rent-Seeking and Economic Development: Theory and Evidence in Asia.* Cambridge: Cambridge University Press, pp. 1-20.（「序章」カーン、M. H.、ジョモ、K. S. 編、中村文隆・武田巧・堀金由美監訳『レント、レント・シーキング、経済開発―新しい政治経済学の視点から』人間の科学新社、2007年、11-33頁）

Khan, M. H. (2000a). "Rents, Efficiency and Growth." in Khan, M. H. and Jomo, K. S. eds. *Rents, Rent-Seeking and Economic Development: Theory and*

Evidence in Asia. Cambridge: Cambridge University Press, pp. 21-69.（「レント、効率性、成長」カーン、M. H.、ジョモ、K. S. 編、中村文隆・武田巧・堀金由美監訳『レント、レント・シーキング、経済開発―新しい政治経済学の視点から』人間の科学新社、2007 年、37-95 頁）

―― (2000b). "Rent-seeking as Process." in Khan, M. H. and Jomo, K. S. eds. *Rents, Rent-Seeking and Economic Development: Theory and Evidence in Asia*. Cambridge: Cambridge University Press, pp. 70-144.（「レント・シーキング過程」カーン、M. H.、ジョモ、K. S. 編、中村文隆・武田巧・堀金由美監訳『レント、レント・シーキング、経済開発―新しい政治経済学の視点から』人間の科学新社、2007 年、97-188 頁）

Krueger, A. O. (1974). "The Political Economy of the Rent-Seeking Society." *American Economic Review* **64**: 291-303.（「レントシーキング社会の政治経済学」トリソン、R.、コングレトン、R. 編、加藤寛監訳『レントシーキングの経済理論』勁草書房、2002 年、14-34 頁）

Leibenstein, H. (1966). "Allocative versus X-Efficiency." *American Economic Review* **56**: 392-415.

―― (1976). *Beyond Economic Man*. Cambridge: Harvard University Press.

大島堅一（2010）『再生可能エネルギーの政治経済学』東洋経済新報社。

末廣昭（2000）『キャッチアップ型工業化論―アジア経済の軌跡と展望』名古屋大学出版会。

Simon, H. A. (1961). *Administrative Behavior: A Study of Decision-Making Process in Administrative Organization*, 2nd ed. New York: Macmillan.（二村敏子・桑田耕太郎・高尾義明・西脇暢子・高柳美香訳『新版　経営行動―経営組織における意思決定過程の研究』ダイヤモンド社、2009 年）

スティグリッツ、J. E.、ウォルシュ、C. E.、藪下史郎・秋山太郎・金子能宏・木立力・清野一浩訳（2000）『スティグリッツ・ミクロ経済学（第 2 版）』東洋経済新報社。

鈴木泰（2006）『開発政策の合理性と脆弱性―レント効果とレント・シーキングの研究』晃洋書房。

武田巧（2010）「レントとレント・シーキング理論の再定義」『政経論叢』明治大学政治経済研究所、**79**（1・2）、85-132 頁。

Tollison, R. D. (1982). "Rent Seeking: A Survey." *Kyklos* **35**: 575-601.（「レント・シーキング：サーベイ」トリソン、R.、コングレトン、R. 編、加藤寛

監訳『レントシーキングの経済理論』勁草書房、2002 年、75-102 頁）
Tollison, R. D. and Congleton, R. D. eds.（1995）. *The International Library of Critical Writings in Economics 49: The Economic Analysis of Rent Seeking*. Aldershot, England: Edward Elgar.（トリソン、R.、コングレトン、R. 編、加藤寛監訳『レントシーキングの経済理論』勁草書房、2002 年）
Tullock, G.（1967）. "The Welfare Costs of Tariffs, Monopolies, and Theft." *Western Economic Journal* **5**: 224-232.（「関税、独占と窃盗の厚生費用」トリソン、R.、コングレトン、R. 編、加藤寛監訳『レントシーキングの経済理論』勁草書房、2002 年、3-13 頁）
——（1980）. "Efficient Rent Seeking." in Buchanan, J. M., Tollison, R. D. and Tullock, G. eds. *Toward a Theory of the Rent-Seeking Society*, Chapter 6, College Station. Texas: Texas A & M University Press, pp. 3-15.（「効率的レント・シーキング」トリソン、R.、コングレトン、R. 編、加藤寛監訳『レントシーキングの経済理論』勁草書房、2002 年、130-148 頁）
ヴァリアン、H. R.、佐藤隆三監訳（2007）『入門ミクロ経済学（原著第 7 版）』勁草書房。

■ WEBSITE ■

経済産業省資源エネルギー庁「買取価格・期間等：再生可能エネルギーの固定価格買取制度」（2013 年 1 月 8 日最終アクセス）：
　http://www.enecho.meti.go.jp/saiene/kaitori/kakaku.html
——「買取制度の法令・契約：再生可能エネルギーの固定価格買取制度」（2013 年 1 月 8 日最終アクセス）：
　http://www.enecho.meti.go.jp/saiene/kaitori/2011kaitori.pdf
特許庁「知的財産権について」（2013 年 1 月 8 日最終アクセス）：
　http://www.jpo.go.jp/cgi/link.cgi?url=/seido/s_gaiyou/chizai02.htm
文化庁「知的財産権について」（2013 年 1 月 8 日最終アクセス）：
　http://www.bunka.go.jp/chosakuken/chitekizaisanken.html

第2章
政治学の分野におけるレントと汚職

　レントおよびレント・シーキングという概念は、元来経済学の分野において生まれ、議論されてきたものである。しかし、最近、政治学の分野でも、この用語が使われることが多くなってきた。また、たとえばカーン・ジョモ（2007）のように、この言葉をキーワードとした政治学者と経済学者の共同研究もみられるようになっている。しかしながら、政治学分野においてこの概念とその用法は必ずしも確立されているとはいい難く、いまだ経済学からの「借り物」の域を出ていないといってもよかろう。若干の例外を除くと、多くの場合、明確に定義をしたうえで用いられるというよりは、「汚職」とほぼ同等のいわば言い換え用の語句として使用されることがほとんどであるといっても過言ではあるまい。

　他方、汚職の問題は、開発途上国の政治・経済や社会が社会科学の重要な研究対象となった第二次大戦後の社会において、長い間、その焦点および方向性は変化しつつも、ともかく政治学者および行政学者、さらには開発・近代化に向けたより良い処方箋を模索する実務家たちの興味をひいてきた。その中で、汚職およびその言い換えとしてのレント・シーキングは、概して、開発途上国の政治に典型的な問題で、開発や近代化・経済発展を阻害する要因の1つとして扱われることが多かったといえよう。しかしながら、より詳細にみてみると、その扱われ方や政治・経済・社会への影響に対する見解は必ずしも一様ではない。

　そこで本章では、レントやレント・シーキングという概念が、従来、主として開発途上地域の政治を扱う政治学（あるいは開発の政治経済学）においてど

のように扱われてきたかを、いわゆる開発学 (development studies) の流れの中に位置付けながら整理・再検討するとともに、その蓄積の下、今後のレント研究において政治学がより積極的に貢献する可能性を展望しよう。

以下、第1節においてまず、レント、レント・シーキングの理論と政治学における汚職研究が、それぞれどのように生まれ、展開してきたかを概観し、その後、第2節～第3節では、開発途上国の政治・経済発展を扱ってきた開発学の流れの中にそれがどのように位置付けられ、理解されるかを検討する。それらを踏まえ、最後に第4節において、政治学と経済学の双方からのアプローチを融合した政治経済学による昨今のレント、レント・シーキング研究について、韓国の例をケースとしてその妥当性・有効性を検討し、今後の研究の新たなる方向性と可能性とを考えることとする。

1. 政治学における汚職とレント、レント・シーキング

政治学の分野でレントという言葉が用いられるようになったのは、比較的最近のことである。そもそも市場による調整が最適（最も効率的）であるという経済学の前提を共有するわけではない政治学において、レントを論じその経済的効率を問う意味はほとんどなかったといって良い。しかしこれに対し、レント・シーキングという言葉は、すでに経済学の分野においてクルーガー (Krueger, A. O.) がレント・シーキングの非効率を説いた (Krueger 1974) 1970年代からしばしば用いられるようになっていた。

開発途上国の政治や行政を扱う研究において、「レント・シーキング」という言葉は、「汚職」とほぼ等しいもの、互換可能な用語として用いられることが多い。たとえば、2004年に出版された *The Struggle against Corruption: A Comparative Study* という汚職対策に関する比較研究書の序章において、同書の編著者ジョンソン (Johnson, R. A.) とシャーマ (Sharma, S.) は、「ポリティカル・エコノミストは、汚職のことをしばしばレント・シーキングと呼ぶ」(Johnson and Sharma 2004 p.7)、「レント・シーキングとは私益のために公職（による権限）を乱用することに対するもうひとつの概念化である」

（同上 p.8）としている。この「私益のための公権力の乱用」は、数ある汚職の定義の中で最も簡易かつ典型的なものの1つである。しかし、より厳密に考えた場合、前者、すなわちレント・シーキングは必ずしも汚職である必要はない。すなわち、汚職がほぼ必ず非合法、つまり犯罪であるのに対し、レント・シーキングは必ずしも非合法的な行為であるとは限らないし、その具体的内容によっては、文化的・社会的に許容されるものである（Knott and Miller 2006 p.231）。たとえば、ロビイング活動などは、合法的かつ社会からも受け入れられるレント・シーキングの典型的な例として挙げることができよう。つまり、レント・シーキングは汚職を含むが、汚職よりもかなり広い概念である。たとえば、本書でしばしば取り上げるカーン（Khan, M.H.）も、「汚職は、常に非合法なレント・シーキングの一つの形態である」と書いている（Khan 2006 p.511）。

　しかしながら、実際には政治学の大多数の文献において、この2つの概念はほぼ同様の事象を表しており、相互に互換可能と考えてよい。開発戦略を語る際、汚職やレント・シーキングは、常に「政府の失敗」の筆頭に挙げられるまさに諸悪の根源であり、途上国の政治や行政における問題点の象徴であるといっても過言ではなかろう。

　しかし、いま一歩踏み込んでそれらのメカニズムを解明しようとする研究においては、この2つの言葉は必ずしも互換性を有さない。以下に説明する通り、この2つの概念は、それぞれ異なる学問領域で異なる伝統の下に生まれ、はじめはほとんど接点もなく発展してきたものである。

(1) レントとレント・シーキングの理論

　レントと、それに関連しながらより政治的な分析も意味を持ってくるレント・シーキングの理論は、ともに経済学の伝統の中で生まれ、発展・展開をみせてきたものである。そもそも、その「定義上、政府が市場の機能を制限するときに創出される」（ハッチクロフト 2007 p.270）ものであるレントは、最近になって、学習レントなどに代表されるレントの成長促進的な側面が指摘されるようになるまでは、ほぼ宿命的に非効率で成長を阻害するものである

と考えられていた[1]。カーンがその著書において主張する通り、「『効率的』レントが存在すると認めることは、自由市場モデルの政策的経験則に対して、挑戦すること」(カーン 2007a p.37) なのであった。

そのレントがほぼ必然的に招くとされる「非効率」をますます助長するのが、レント・シーキングである。レント・シーキングとは、「レントを求める人々の競争」(Krueger 1974 p.291) であり、「レントを創出、維持、移転しようとして費やす資源と努力との支出」(カーン 2007b p.97) である。補助金供与などの市場に対する政府の介入はレントを生み、レントのあるところには、そのレントを獲得するための努力・競争が生じ、そのために大きなコストが費やされる。こうしたレント・シーキングの発生は、かなり広く認められており、レントの存在するところでは、レント・シーキングは必然であり、むしろ自然な行動であるとする見解まで存在する (たとえば鈴木 2006 p.36)。1970年代を中心に展開されたこのレント・シーキング理論[2]は、本来それ自体は単に移転に過ぎないレントが生む弊害 (死重的損失) よりも、このレントをめぐる競争 (レント・シーキング) に費やされる費用の方がはるかに大きい社会的損失である (たとえばKrueger 1974) と論じ、この議論は特に開発途上国を対象とする政治経済研究や、開発実務を担う援助コミュニティーに大きな影響を与えることになった。

前述の「汚職＝レント・シーキング」という図式は、こうしたレント・シーキング議論に大きく影響されたものであるということができよう。後に改めて説明する通り、この時代は、戦後開発の第1世代を支えた国家主導のモデルが最初の大きな見直しを迫られた時期である。その1つの根拠として、汚職とレント・シーキングの横行する途上国の政治においては、市場の失敗よ

---

1) ハッチクロフトは、レント、レント・シーキング理論にみられる市場重視の姿勢について、これを「強いイデオロギー的偏り」として、この理論の大きな欠陥であると評している (ハッチクロフト 2007 pp.271-273)。
2) 最も代表的なものとしては、Krueger (1974) など。なお、レント・シーキング理論の変遷とその特徴については、カーン (2007b) 参照。カーンは、こうした議論を展開したクルーガーやブキャナン (Buchanan)、タロック (Tullock) などを、「レント・シーキング第一世代」と呼ぶ (カーン 2007b p.104)。

り政府の失敗の方がはるかに重大であり、ゆえに政府主導のアプローチではうまくいかないと結論付けられたのである。こうして、経済学的手法によるレントやレント・シーキングの分析とは別に、政治学者や開発援助の実務家の間で、特定の利権獲得のための活動がレント・シーキングという言葉で表現され、「汚職」とほぼ同様に使用されるようになる。経済学が、これらの現象を効率、あるいは費用と便益の観点から好ましくないものと論じたのに対し、この概念を「輸入」した政治学は、当初、これをどちらかというと倫理的・道徳的観点からした「悪」であり、社会的公正・公平を妨げるとともに然るべき政治あるいは経済の発展を阻害するものであるとして扱った。

　しかし1980年代になると、経済学の中では、レント・シーキング費用は社会の制度的構造によって大きく異なり、必ずしも高いとは限らないと考えられるようになる（カーン2007b p.104）。制度と取引費用に関する研究が進展する中、レント・シーキングの手間や経費・労力も一種の取引費用であり、制度（あるいはその変更）によって軽減され得ると考えられるようになったのである（鈴木 2006 p.37）。そしてやがて、東アジア諸国の「奇跡」[3]ともいわれる持続的高度経済成長が世界の目をひくようになると、これらの国々の経験はこうした議論を検証すると考えられるようになった。なぜなら、汚職やレント・シーキングが蔓延すると思われるアジアの国々において、それにもかかわらず目覚ましい持続的経済成長が達成されたのである。この東アジアの「奇跡」とその直後に起こった1997年のアジア通貨危機による挫折、しかしその後の急速な回復といった一連の経験は、レントやレント・シーキング、さらには以下に述べる汚職の研究にさらに新たな課題と方向性を与えることとなる。

(2) 政治学における汚職研究

　政治学者たちが途上国の政治経済における利権をめぐる争いや不正・腐敗・汚職などに注目し、これらを研究対象としたのは、レントやレント・シーキ

---

3) 東アジアの「奇跡」については、世界銀行（1994）を参照。

ングの功罪が経済学者の興味をひくより前のことであった。第二次世界大戦後、アジア、そしてアフリカにおいて次々と新興国家が誕生し、それら旧植民地社会の経済発展や近代化、構造変化が、経済学者のみならず、広く、政治学者、社会学者といった社会科学者たちの興味をひいたとき、汚職の問題は、これら社会の重要な一側面として注目され、取り上げられるようになる。

この時代に政治学者たちが汚職を論じた場は、2つに大別できよう。

まず第1は、新興諸国の開発を担う行政のあり方を論じた行政学である。特に1950年代以降、新しい国づくりの努力の中で国際的に推奨されたのは、経済的自立を目指して、中長期の開発計画に基づいた国家主導の開発を推進することであった。このために、その開発を担うべき行政の責任と能力、そしてその中心となるべき官僚制を「科学的」マネジメントを用いて整備・強化するための方策が熱心に論じられた。新興国家を含む国際的な行政学者のネットワークを通じて展開された比較行政運動がその典型である。経済学分野における開発経済学 (development economics) に対し、この時期、開発行政 (development administration) という用語がさかんに用いられるようになる。こうした場における議論の全般的特徴は、直面する大きな課題に対して、多くの途上国の実務家たちを巻き込みながら「あるべき姿」を論じる極めて強い倫理的・規範的・理想主義的な志向であるといってよかろう[4]。ここでは、蔓延する公務員の汚職は途上国行政の大問題であり、解決されなければならないと論じられた。

これに対し、もう1つの流れが、こうした新興社会の変革・転換の動態を、外部の観察者（研究者）の目からより客観的・分析的に論じたいわゆる近代化論である。近代化論としてくくられる研究は、欧米先進諸国の経験にならった経済社会の変化（近代化）が結局のところ必然であるという素朴な単線的歴史観をその根底に共有することを除くと、実は極めて多様である。その中

---

[4] たとえばLee (1968)、Riggs (1970) など参照。Lee Hahn-Been（李漢彬）は、韓国の財務部官僚出身で、1961年のクーデター直後の軍事政権の財務次官、そして後の1979～80年には、韓国経済の司令塔といわれた経済企画院の長官を務めたいわゆるテクノクラートである。

で、1960年代後半以降、これらの社会にはびこる汚職やその背景としての社会の権力関係が、たとえばパトロン-クライアント関係（patron - client relationship）などとして分析され、定式化されるようになる。行政学における道徳的あるいは規範的なアプローチに対し、この一連の研究の特徴は、汚職をより分析的に捉え、そのメカニズムを明らかにするとともに、それが社会の大きな変化に与える影響を見極めようとしたところにある（ハッチクロフト 2007 pp. 274-275）。この中でいくつかの研究が、汚職をこれら社会の後進性や官僚制の未熟さの表れであると評価しながらも、場合によっては、これが近代化（経済発展もしくは政治発展）を促進する1つの力となっていることを指摘している点は注目に値する[5]。つまり、ここでは、汚職は必ずしも否定的な評価のみを得ていたわけではない。

しかしながら、汚職研究のこの流れは、これ以降しばらくの間大きな発展をみることはなかった。汚職という事象の性格上、その実態を把握することは極めて難しく、したがって厳格な実証研究は困難を極めるということもその大きな要因であったろう。汚職の研究が再び脚光を浴びるのは、開発におけるガバナンスの重要性が認識されるようになる1990年代以降となる。しかしながらこの新しい時代の汚職研究の担い手は、規範的な行政学や近代化論の担い手たちとはかなり異なったアプローチをとる。以下、この最近の汚職研究について紹介する前に、そこに至るまでの背景として、開発学の流れとその中における汚職とレント、レント・シーキングの扱いについて概観しておきたい。

---

[5] たとえばハンティントン（Huntington, S. P.）は、その1960年代の代表的著作の中で、汚職は、政府の官僚制を弱体化させる、あるいはその強化を妨げるという点においては、政治発展にとってマイナスであるとしながらも、他方、政党やその他の機関をサポートすることにより、結果として社会における利益集約機能を強化することとなり、その意味において政治発展を促進し得ると論じている（Huntington 1968 p. 69）。ただしこれに対して、同年に出版された著作の中で、ミュルダール（Myrdal, G.）は、広義の汚職の蔓延こそがアジアの途上国における体制崩壊の原因であり、近代化を妨げる要因であると論じた（Myrdal 1968）。近代化論者の主張は、汚職に対するスタンスにおいても多様である。

2. 戦後開発学[6]の流れと汚職、レントとレント・シーキング理論

(1) 戦後開発の第1世代—上からの経済開発と政府の役割—

　第二次世界大戦後次々と誕生した新興独立国家が、政治的のみならず経済的にも自立を達成し、豊かな国民生活を実現するためには、いかなる方策をとるべきか。——この課題にはじめに正面から取り組んだのは、第二次世界大戦前後のイギリスであった。当時世界中に広大な植民地をかかえていた大英帝国は、インドの独立運動という植民地経営上の大問題に直面する一方で、アフリカでは植民地の経済開発のため、中長期の広範な開発計画に基づく上からの経済開発に着手した。この「開発計画」アプローチは、戦後独立を果たしたインド政府によっても採用され、精緻な経済計画に基づく「インド型社会主義」の基盤を形成する。

　1950年代になると、ヨーロッパに始まった東西冷戦が、アジア、アフリカの新興諸国やラテン・アメリカをも巻き込み、世界レベルの対立構造を形成してゆく。その中で、当時の「構造主義」的開発経済学による理論的裏付けを有したこの政府主導の開発アプローチ[7]は、社会主義的政策を指向する国々に留まらず、西側陣営につき明確に資本主義・自由主義を標榜する国々

---

[6] 開発学（あるいは開発研究）という分野が「学」として、あるいは学問の一領域として存在するか、あるいは十分に確立しているものであるかについては、異論もあろう。ここでは、開発学をイギリスにおける development studies の訳語として用い、第二次世界大戦後、国連、世界銀行やその他の援助機関を中心とした開発および開発援助の実務とも関連しつつ発展してきた、途上国の開発（development）をめぐる諸問題を扱う学際的な研究の一領域、と広く定義しておきたい。すなわち、この分野の研究は、経済学、政治学、社会学、人類学などの社会科学諸分野に加え、それぞれのアプローチを融合した学際的研究を含む一方で、それぞれ個別の学問体系との境界線は必ずしも明確ではない。

[7] ここでは、低開発の状態は、「低水準貯蓄⇒低水準投資⇒低生産性⇒低水準所得⇒低水準貯蓄」という構造的な悪循環によって説明され、この循環を断ち切るための方策として海外からの投資・援助による「ビッグ・プッシュ」が必要であるとされた（石川 2006 第3章）。

の間にも広く浸透する。国連や世界銀行のような国際機関をはじめとし、1960年代はじめには、ケネディ政権下のアメリカも、開発計画に従った途上国政府の「上からの開発」を援助をもって強力に支援することを、その外交・安全保障政策の重要な柱とするようになる[8]。ここでは、綿密な開発計画に基づいて政府がインフラ整備を進め、基幹産業を育成・支援してゆけば、やがてそこから生み出される益は、地表に落ちた雨水がやがては大地全体を潤すように、他の産業や人々、そして社会全体に裨益するということが想定されていた。この考え方を、トリクル・ダウン（trickle‐down）仮説という。そして、そのためには政府の役割が重要であり、それを担う行政の機能と能力が強化されなければならない。新興民主主義国家に有能かつ効率的な官僚制を構築し定着させるために展開された、上述の比較行政運動あるいは開発行政という概念は、こうした時代背景の下に理解するとわかりやすい。ここで目指されたのは、そのための「正直で有能」な官僚制とそれに基づく効率的かつ効果的な行政機構の構築である。

(2) 政府の失敗と戦略の第1の見直し

しかし、トリクル・ダウンは起こらなかった。1970年代に入る頃になると、アジアや中南米において政治的にも安定した一部の国々では、確かにインフラの整備が進み、工業化も進展してかなりの経済成長がみられた。都市部には伝統的エリート以外の新興富裕層も出現したが、経済成長の果実が社会に広く浸透することはなかった。大多数の国民を苦しめる貧困は一向に解消しない一方で富裕層が出現したことにより、貧富の差は拡大し、それが新たな社会問題を生むこととなった。従来の戦略は功を奏さなかったことが明らかになったのである。失敗の原因は何か？――その1つの答えが「政府の失敗」である。市場は失敗するが、そこに介入する政府も失敗する。そして、レント・シーキングや汚職が横行する途上国の場合には、市場の失敗よりも政府

---

[8] テイク・オフの理論で知られる『経済成長の諸段階』（1961年――ただし原書は1960年）を著したロストウ（Rostow, W. W.）は、ケネディ政権下、国家安全保障担当の大統領（次席）特別補佐官としてホワイトハウスに迎えられた。

の失敗の方がはるかに重大で、社会に大きな害を及ぼすと考えられるようになる（たとえば、世界銀行 1987 など）。

　前述の通り、クルーガーをはじめとした新古典派の経済学者たちがレント・シーキングによる弊害（経済的社会的損失）の大きさを論じたのはこの時代のことであった。さらに、やがて政治学の分野においては、途上国の開発努力が実を結ばない原因は、その政策の誤りにある——すなわち、より良い政策に方向転換しなければならない——というよりむしろ、政策の形成あるいは実施段階にこそ存在する、すなわち政治そのものが問題であるという分析も現れる。これらの研究が描き出すのは、汚職やレント・シーキング、あるいはその社会独特のパトロン - クライアント関係により、政策自体がゆがめられ、あるいは正しい政策も期待された通りには実施されないという途上国の政治の状況であった（たとえば Grindle 1980 など）。つまり、途上国の汚職やレント・シーキングは、経済学者の説くように単にレントをめぐり合理的な経済主体が自然に競争するために生じるわけではなく、それぞれの社会に広く存在する親分 - 子分関係（パトロン - クライアント関係）や縁故関係のネットワーク（ネポティズム）同士、あるいはその内部で競われ、配分される。すなわち、レント配分のルールは、多くの場合、市場メカニズムとは別物で、それぞれの社会における権力のあり方に根ざした独特なものである。こうした研究の登場により、従来はもっぱら経済学（開発経済学）の問題であった途上国の開発問題が、政治の問題、あるいは社会における権力・社会関係の問題であると認識され、政治学や社会学・人類学が積極的に関わるようになってくる。

　こうして、1970 年代にはそれまでの戦略の見直しが行われ、貧困撲滅のためには、トリクル・ダウンによる間接的効果を期待するのではなく、人間の基本的ニーズ（Basic Human Needs：BHNs）に着目しつつ、貧困の問題に直接取り組まねばならないと認識されるようになった。ここでは、巨額な投資を必要とし、貧富の格差拡大の原因であるとともに汚職の温床でもあった大規模なインフラ整備プロジェクトや基幹産業支援より、教育や保健衛生など社会部門の施策（社会開発）こそが重要であると主張され、上からのトップ・ダウンのアプローチよりも下からの草の根ベースのアプローチの必要性が叫

ばれた。

　しかし、貧困撲滅を掲げた草の根アプローチや社会開発の流行も長くは続かなかった[9]。格差の拡大に対して「成長の共有 (shared growth)」を標榜したこの新しいアプローチも、肝心の「成長」の実現なくしては「貧困の共有 (shared poverty)」に終わってしまう。こうして結局は、同時代に東アジアで進行しつつあったダイナミックな輸出主導の工業化と雇用の拡大を伴う開発が、「分配を伴った成長 (growth with equity)」実現のための有効な方策として、新しい市場メカニズムを利用した開発モデルを形成するようになる。それとともに、以下に説明する通り、この東アジア型モデルの成功は政治学者たちの興味をもひき、やがて開発における政府の役割と政治の重要性をより大きくクローズアップさせることになる。

(3)　東アジアの奇跡と市場の役割 vs 政府の役割

　上述の通り、所期の成果を挙げることのできなかった政府主導型開発モデルの放棄を決定付けたのは、東アジアの経験であった。1970年代にはNICS (Newly Industrializing Countries：新興工業国) あるいはNIES (Newly Industrializing Economies：新興工業国・地域) と称され、その急速な工業化と経済成長により注目された東アジアおよび中南米の国々のパフォーマンスが、1980年代初頭、中南米諸国を相次いで襲った債務危機以降明確に分岐し、東アジアの「一人勝ち」を呈するようになると、世界銀行およびその他の新古典派経済学者たちは、依然として高度成長を維持する東アジア諸国とその他の地域、特に中南米諸国との比較研究から、成功の鍵は、輸出主導の経済政策であり、それを可能とする経済自由化政策であると理解した。目覚ましい経済成長を維持した東アジアの国々では、輸出促進のために、従来過大に評価されていた為替レートの適正化（切り下げ）が行われ、貿易の制限——すなわち政府の介入——が撤廃されて自由化が推進されていた。したがって、これらの成

---

9)　ただしこれは、貧困撲滅や社会開発のプロジェクトが放棄されたということを意味するものではない。特に援助国側の厳しい財政事情もあいまって、その後も社会開発は開発、特に開発援助の中心であり続けた。

功は市場メカニズムの重視、自由化政策の勝利であり、これが構造調整策のモデルとなっていく。そして、政府の介入が少なくなれば、それに伴い、汚職やレント・シーキングの機会も当然減少することとなる。ここに、途上国の経済における政府の主導的役割を前提としてきた従来の開発モデルは完全に否定されることになった。

それに代わって登場し、世銀およびIMFの融資条件を通して短期間に世界中に広がったのが市場メカニズム重視の構造調整モデルであり、政府支出の大幅削減による財政のバランス化、経済の安定化と自由化を主眼とする経済の改革パッケージであった。これは、1970年代末以降、イギリスの保守党サッチャー政権、そしてアメリカの共和党レーガン政権といった新たな保守主義政権により強力に推進されたいわゆる新自由主義的な改革を、途上国においても同様に実施することを目指したものともいえる。開発途上国の経済も先進工業国の経済も、結局のところ、基本的メカニズムは同様であり、順調な経済成長に必要なのは、政府の介入を最小限とした自由な市場であるということが再確認されたのであった。そして特に途上国においては、政府による保護・規制政策そのもののもたらす損失に加え、そこに生み出されたレントをめぐる汚職やレント・シーキングといった「政府の失敗」の大きなコストこそが問題であることが、先進国の場合以上に強調された。

しかし、こうした経済学主流派による見解に対し異論を唱え、東アジアの成功における政府の役割（市場への介入）の重要性を主張したのが、これら諸国の成功経験をより詳しく国別研究のレベルから検討した政治学者と（新古典派以外の）経済学者たちである[10]。彼らは、韓国あるいは台湾において、政府がいかに市場に介入し（あるいは市場を支配（govern）し）、それによって

---

[10] Amsden (1989)、Wade (1990)、Woo (1991)、Chang (1994) など参照。なお、世界銀行は、『東アジアの奇跡』における先行研究解説の中で彼らのことを「修正主義者 (revisionist)」と呼んでいる。しかし、これは、あくまでも市場重視の世銀の立場からみた場合の revision であって、この呼称（特に「修正主義者」という日本語）はこの研究者たちの客観的な「名」として適当ではない。彼ら自身は、自らを「制度論者 (institutionalist)」あるいは新たな「『支配された市場論 (Governed Market Theory)』者」などと称している。

急速な経済成長を達成してきたかということを、その政策とそれを支えた制度上のメカニズムの説明とともに主張し、新古典派経済学者たちの市場メカニズム重視の立場と真っ向から対立した。東アジア数カ国の同一の経験が対立する2つの理論的説明を生み、それぞれ違った政策的含意を提示して、ここに、1990年代半ば過ぎまで、開発における市場の役割と政府の役割に関する厳しい論争が展開されることになる。

　この論争は、双方がそれぞれの根拠を自己の領域の理論的枠組み内で説明して相手を批判するのみで、実のところ実質的接点のほとんどない神学論争に近い様相を呈していた。しかし、ここで注目しておきたいのが、その例外ともいえるチャン (Chang, Ha-Joon) の研究である。チャンは、従来（新古典派）経済学では非効率を生むものとして常に否定的評価を得ていたレントが、いかに産業政策において投資のインセンティブとして有効に用いられ、経済を好ましい方向に誘導し得るかということを経済学の用語を用いて理論的に説明し (Chang 1994 Chapter 3)、さらにそのモデルを韓国のケースを用いて実証的に検証した (Chang 1994 Chapter 4)[11]。

　政府（国家）対市場の役割論争は、やがて、主として市場論者（新古典派経済学者）たちが徐々に歩み寄り、国家論者の提示する経験的事実をある程度まで受け入れて政府の一定の役割を認める形で収束に向かった。その典型とされるのが、次項でも紹介する世界銀行の『世界開発報告 1997』である。1990年代末以降今日に至るガバナンス重視の潮流は、この延長線上にあるといって良い。そしてすでに述べた通り、このガバナンス分野の研究の焦点の1つが、レント・シーキングを含む汚職の問題である。

(4)　ガバナンスと能力開発の時代

　1993年、東アジアの開発における市場対政府の役割論争がいまだ続いて

---

[11] チャンは、レントとレント・シーキングの費用・便益は分けて考えられなければならないことを主張し、韓国でレント・シーキングの費用が甚大にはならなかった理由として、参加者が財閥に限られていたため競争が過度に激しくはなかったこと、そして、その財閥に対しても国家が必要に応じて制裁を課すことができる強さと能力を備えていたことなどを挙げている (Chang 1994 pp.119-122)。

いた時期[12]に、OECD 開発援助委員会（Development Assistance Committee：DAC）の高級レベル会合は、今後の開発援助の向かうべき方向性として「参加型開発とグッド・ガバナンス（Participatory Development and Good Governance）」を採択し、その具体化のための作業グループ設置を決定した。加盟各国（先進援助国）では、自国財政が逼迫する中、国内でいわゆる「援助疲れ」の現象[13]が目立つようになっており、冷戦後の新しい国際秩序における新しい援助のあり方を問い直すことが急務と考えられていたのであった。これ以降、徐々に開発におけるグッド・ガバナンスの重要性が主張されるようになる。この DAC によるグッド・ガバナンス論は、参加型開発と一体化する形で、①法制度、②公共部門のマネジメント、③分権化、④人権、⑤参加、の5つの分野を主たる活動分野とした。しかし、この新たな潮流の背景には、1980年代後半を中心として、アジア、アフリカおよび中南米の途上国に「第三の波」の民主化[14]が広がり、多くの国において権威主義体制が崩壊して新しい民主主義政権が誕生していたこと、さらにその一方で、旧ソ連および東欧諸国でも冷戦構造が崩壊し、新しい社会のメカニズム構築に向けた民主化・市場経済化の努力がなされていたことなどがある。西側先進援助国間では、こうした世界の好ましい変化を支援する必要性が共感されており[15]、結果として、初期のグッド・ガバナンス支援は、概ね法制度構築か

---

12) ただし、この年、世界銀行は『東アジアの奇跡』（原典、英語版。日本語版が出版されたのは翌1994年）を出版し、東アジアに持続的高度経済成長をもたらした要因の1つとして一定の政府の役割を認めている。この頃から論争は大きな歩み寄りをみせた。
13) 従来あまり効果を上げてこなかったように思われる海外援助に対し、援助国の国内世論において、自国の財政も厳しくなる中での援助はもはや不要であるとの議論が多くの支持を得るようになった現象のこと。
14) Huntington（1991）参照。
15) 1989年、DAC 閣僚会合はその政策声明（Policy Statement）の中で「初めて」「開放的、民主的で説明責任を果たしうる政治システムと、人権、経済システムの効果的かつ平等な運営、の間には、非常に強固な関連がある」という立場を明らかにした。
　なお、DAC は、国際機関としての国連や世界銀行と並び称されることも多いが、基本的には、各国外交戦略の一環として二国間援助を実施する先進各国の政府が集い、援助の実効性を高めることを目的として相互の連絡・協調を図る場（委員会）である。これに対し、国際機関としての世界銀行は、政治には直接関わらないことをその設立趣旨に掲げている。

民主化支援、あるいは分権化支援に偏っていたということができよう。汚職やレント・シーキングの問題を含む公共部門マネジメントは、重点分野に挙げられながらも、さほど注目されてはいなかった。

　他方、市場か政府かの役割論争において常に市場メカニズムの重要性を主張し、1980年代はじめ以降、経済の自由化と「政府の（市場からの）撤退（retreat of the government）」を主張してきた世界銀行が、経済における国家・政府の役割を積極的に評価する立場を明らかにして注目されたのが、『世界開発報告 1997』である。この報告書の中で世界銀行は、20世紀後半の世界の開発経験と政府の役割について総括した。そして、地域・国により実に多様な経験の分析から、①それぞれの政府が有する能力（capacity）、と②政府の役割、は区別して考えられるべきで、結局のところ、政府は短期的には自己の持つ能力に応じた役割を果たすべきであること、そして、中長期的にはその能力を高めていくことを提言している。すなわち、政府が極めて高い能力を有し、特に、必要に応じたモニタリングとそれに伴い必要とあらばレントを撤収する能力があれば、場合によって選択的産業政策による産業構造転換の促進も可能かもしれない。しかしながら、その能力がない場合、産業政策によるレントの供与は、政府の大きな失敗につながるので、そのような政策は回避すべきということになる（世界銀行 1997）。

　この考え方は、別途技術協力の反省・見直し論の中から生まれてきた能力開発（capacity development）重視の議論（たとえばFukuda-Parr, Lopes and Malik 2002参照）および前述のDACのグッド・ガバナンス重視と相俟って、開発の世界における政府の改革、ガバナンス重視の新しい流れを生み出していくこととなる。この中で、ガバナンス強化のための種々の制度的支援に加えた大きな焦点の1つとなってくるのが、汚職の問題である。

3. ガバナンスの時代の汚職研究

　開発の世界におけるガバナンス重視の姿勢は、ガバナンスに関する多くの研究を生んでいる。その中で特に1990年代以降、汚職に関する研究が再び

さかんになってきた。昨今の汚職（あるいはレント・シーキング）研究は、以下のようにいくつかのかなり性格の異なるグループに区分することができるだろう。

(1) 汚職の定量分析

　まず、従来と大きく異なる新しい汚職研究の潮流が、汚職の定量分析である。何らかの大規模な国際的比較のデータに基づき、汚職の程度と経済発展など社会の変化との相関関係を見出そうとするのがその共通した特徴である。そしてその研究の大部分が、分析の結果として、汚職の程度と経済成長との間に負の相関関係を認めている（たとえば Gillespie and Okruhlik 1991, Campos and Nugent 1999, Weder 1999, Lipset and Lenz 2000 など）。すなわち、従来の道徳的・規範的研究は、汚職はもともと好ましくないものという前提からスタートし、その有効なコントロールの方策を模索したが、昨今のこれらの研究は、その好ましくない状況を「科学的に」実証しようとする研究である。

　これらの研究の問題点を挙げるなら、まずは、研究のベースとなる指標の妥当性の問題があろう。多くの国をカバーした統計値が入手可能である必要があり、利用可能な統計は必然的に限られる。多数の国についての横断的な分析を可能とするという点でこれらの統計データは極めて有用ではあるが、ただし前述の通り、汚職という事象の性格上、実態を正確に把握することは実は極めて難しい。結果として、現存するインデックスのほとんどが、それぞれの国で活動を展開する多国籍企業を対象としたインタビューやサーベイなどに大きく依存しており、多様な質問項目に工夫もあるが、その結果がその国における汚職の全体像や程度を的確に表しているかというと、実は疑問が残るといわざるを得ない。そもそも、国により社会により汚職に関する概念・受容度などが異なる中での横断的比較の意味に疑問を呈することもできるかもしれない。

　また、結論として提示される汚職の程度と経済成長の相関関係についても、長く汚職研究に携わるローズ＝アッカーマン（Rose-Ackerman, S.）も指摘する通り、必ずしも絶対的なものではない（すなわち例外が多く存在する）（Rose-

Ackerman 1999 p.4)。さらにこれは、当然のことながら、統計的に相関関係が認められるということ以上のものを示しているわけではない。相関関係と因果関係は別である。特に、たとえば「東アジアの奇跡」の優等生として挙げられる国々において汚職が少ないかというと、実はシンガポールのような「例外」を除くと、決してそのようなことはない。これらの国においては、「汚職が蔓延していたにもかかわらず」長期にわたる経済成長が実現されたのである。

(2) 伝統的汚職研究の復活

　これに対し、従来よりの流れを汲み、平等あるいは道徳的観点から好ましくない現象としての汚職がいかなるメカニズムにより起こるのか、どのような影響を経済社会に与えるのか、そして、それをコントロールするためにはいかなる方策が有効か、これらを問う汚職研究も、特に1990年代以降になって再び多くみられるようになった（たとえばRose-Ackerman 1999, Heidenheimer and Johnston 2002, Kotkin and Sajo 2002, Johnson 2004, Johnston 2005など）。この理由について、ジョンストン（Johnston, M.）は、冷戦構造の崩壊や援助財政の逼迫、さらには経済の自由化・グローバル化により、特に途上国に蔓延する汚職がいまや以前のように許容される余地がなくなってきたこと、しかし、その一方で、政治・経済的自由化の急速な進展と、多くの国々における体制の弱体化などが、実際には汚職の増加を招いていると考えられることなどを指摘する（Johnston 2005 pp.5-6）。汚職研究の復活には、これらに加え、上述の開発におけるガバナンスや能力開発重視の考え方も大きく影響しているといえよう。

　国際機関なども巻き込んだ問題認識の広がりや情報の自由化、さらには多くの社会におけるマスメディアや市民社会グループの成長・成熟により、以前より情報量は確実に増加した。汚職追放が国際的キャンペーンとして広がる中、政府の改革努力に関する相互の情報交換の機会も拡大している。しかしながら、依然として詳細な実証研究を実施するための情報へのアクセスは問題である。その結果として、多くにおいて研究の色彩が依然として規範的・

画一的な改革議論である傾向は、否めないといわざるを得ない。

(3) その他の汚職研究

　上に述べた汚職に対する興味の復活は、経済学の中にも、レントやレント・シーキングではなく、「汚職」の研究を生んでいる。中でも、シュライファー（Shleifer, A.）とヴィシュニー（Vishny, R. W.）の研究は、「政府の官僚が私益のために政府の財産を売却すること」（Shleifer and Vishny 1993 p.599）と定義する汚職が資源配分に与える影響に注目し、モデルを構築して理論的に検討することにより、汚職がなぜ経済発展を阻害するかを説明し、政治学者も含む多くの研究者に影響を与えた（Sheleifer and Vishny 1993）[16]。

　また、政治学の中にも、上述の改革を目指した規範的指向を有する研究ではなく、特に、汚職が経済発展を阻害する、あるいは汚職の蔓延にもかかわらず順調な経済発展が実現されたメカニズムを分析し、理論的に説明しようとする研究がある（たとえばKong 1996, Kang 2002, 堀金 2009 など）。さらに、自由化や特に地方分権化など、ガバナンス分野の他の改革により、かえって汚職が増えたという研究も多く発表され、グッド・ガバナンスの理念および政策に対して、実施（implementation）段階の難しさや理論の予測する通りには進まない現実の問題点が指摘されている。

4．レント、レント・シーキング研究と開発の政治経済学

　最後に、前項の「その他の汚職研究」に区分されるところの最近のレントおよびレント・シーキング研究と政治学のかかわり、そして今後の可能性について考えよう。

　すでに述べた通り、最近の経済学の研究では、レントの中にも効率的、成

---

16) 汚職あるいはレント・シーキングという言葉を前面に提示しないものの、結局のところ同様の現象を経済学によって説明した重要な理論的研究として、オルソン（Olson, M.）の集合行為（collective action）の理論がある。この理論は、後の（特に政治学者による）レント・シーキング分析に重要な1つの土台を提供するものとなった。詳しくは Olson（1971）参照。

長促進的なものもあることが認められてきた[17]。開発において、政府がその能力に応じた積極的役割を果たすことを求められるようになった現代において、これは、十分高い能力を有した政府であれば、場合によっては産業政策によってレントを生み出し、成長を促進することが可能であり、また、それが好ましいということにもなろう。

　しかし、すべてのレントが成長を促進するわけではない。たとえばカーンによると成長を促進する学習レントもあるが、学習レントが常に成長促進的であるとは限らない（カーン 2007a）。一口にレントといっても実に多様であり、その社会に対するインパクトも様々である。どのようなレントがどのようにして生み出され、そして配分されて使われるかという具体的過程の状況こそが、たとえば、特定産業育成のための産業政策の成否を分けることにもなる。そしてこの過程は、多くの場合、極めて政治的である。

　レントの効果を考えるうえで、ここでさらに留意しておかなければならないのが、レントのあるところにはほぼ必ず発生するレント・シーキングの問題である。政府が積極的に人為的レントを創り出すということがわかれば、その時点ではレントの存在しないところでも、レントを生み出すためのレント・シーキング活動が行われる可能性もある。これらレントを創造・獲得・維持しようとするレント・シーキングの費用（コスト）が大きければ、社会に対する「差し引き」の純効果・純価値においては、レント自体が生み出す効率性や成長促進の機能による便益（ベネフィット）も打ち消され、レントはやはり厚生上の損失（マイナス）に終わることとなってしまう。つまり、レントを生み出し、供与することによる最終的効果は、レント自体の効果（これ自体がマイナスであることも多い）[18]とレント・シーキングの費用との合計（差

17）　レントの種類とその効率性、成長への影響などについて、詳しくは、本書第1章およびカーン（2007a）参照。
18）　このレントの純社会的費用・便益のことを、カーンはレント産出物（rent-outcomes）と表現する。レント産出物は、レント・シーキングによって得られるレントあるいは権益そのもので、レントが社会にどのような影響を与えるかというのは、まさにこのレントがどのような形をとるかということに大きく依存するのである（カーン 2007b p.98）。この、レントがどのような形をとるかということを決定するのが、個々のレント・シーキング過程である。

し引き）で測られ、最終的数値が正の値をとる場合にのみ、そのレント供与の政策は（経済成長に対して）有効、すなわち成長促進的であるということになる（カーン 2007b、加藤 2004）。したがって、カーンは、レント自体とレント・シーキングのコスト、ベネフィットはそれぞれ明確に区別して考えられるべきで、最終的な社会的厚生は、その両者の差し引き、つまり純効果として捉えられるべきと主張する。これを式で示すと以下のようになる。

$$\begin{pmatrix} \text{レントの最終的効果・} \\ \text{社会的厚生} \end{pmatrix} = \begin{pmatrix} \text{レント自体} \\ \text{の効果} \end{pmatrix} - \begin{pmatrix} \text{レント・シーキング} \\ \text{の費用} \end{pmatrix}$$

　成長促進的な（学習）レントはいかなる状況の下に生み出され、配分されて、どれだけの費用と便益を伴うか。そして費用を最小化するにはどうしたら良いか。——開発における政府の役割が再び見直され、開発主義国家モデルが再び注目を集める昨今（たとえば Fritz and Menocal 2006 参照）、この課題は重要な政策的含意を有することになる。成長促進的レントの枠組みを考えること（上記の式において「レント自体の効果＞０」となるレントを作り出す政策を考えること）が主として経済学者の仕事であるとすると、レント・シーキングの費用を低減させる制度的枠組みを考えることには、政治学者の役割もあるのではなかろうか。レント・シーキングには様々な形がある。

（１）　レント・シーキングの過程

　1970年代にレントとレント・シーキングを論じた新古典派の経済学者たちは、レントの配分も市場を通して行われる、すなわちレント・シーキングの過程も市場過程であると考えた（たとえば Krueger 1974 など）。しかし、実際のところ、レントは必ずしも市場の競争を通じて最も高い値を付けた者に配分されるとは限らない。では、レント・シーキングはどのように行われ、その結果、レントはどのように配分されるのであろうか。
　レント・シーキング過程は、以下の通り様々な要因により影響を受け、様々な形をとる。

そもそも、レント・シーキングは、レントの創出・配分・そして更新・廃棄に関して決定権を有する者の意思決定に影響を与えて、レントを獲得・維持しようとする行動である。したがって、この過程は、まず第1に、レントの決定権者（多くの場合、政府あるいはその関係者）とレント・シーカーとの関係によって大きく影響される。

　たとえば、従来のいわゆる開発主義モデルの論じるところでは、国家－社会関係において国家が圧倒的に優位で自律性（autonomy）を有していた東アジア諸国では、「強い自律的な国家」が、社会からの圧力を「遮断（insulation）」することにより、レント・シーキングに影響されることなく、経済効率の面から「正しい」決定をし、結果として、レント・シーキングの浪費を省いた成長促進的レントを供与することができたということになる（たとえば、Amsden 1989, Haggard 1990, Evans 1995など参照）。これに対して、国家が社会の有力集団の虜（captive）となっていた中南米諸国では、有力集団の圧力によりレントがひとたび創造されると、そのレントを政府が自らの意思で撤収することは困難で、それゆえ時宜にかなった柔軟な政策対応は不可能であった（Haggard 1990）。

　これに対し、カン（Kang, D.C.）は韓国とフィリピンの比較研究の中から、韓国成功の要因は、国家と社会（少数の大財閥）の力関係が拮抗していたことにこそあると論じた。政治と財界の少数エリートが、互いに自己の目的——前者にとっては政治活動に基づく政権の維持であり、後者にとってはビジネスの拡大——の成就のためには互いの力を必要とする関係にあった。すなわち、政治エリートはビジネスからの献金およびその他の支持を必要としたし、財閥は政府の付与する保護と特権を必要とした。こうしたいわば持ちつ持たれつの関係であったため、双方とも相手に対して法外な要求はしなかったうえ、参加者の数が少数の財閥に限られていたため参加者間の厳しい競争もなく、取引費用としてのレント・シーキング費用も全体としては比較的低く抑えられたと論じた。それに対し、民主主義期においてもマルコス権威主義政権期においても、ともに多くの参加者がレントの獲得を目指して争ったフィリピンでは、レント・シーキングのコストは膨大となったのである（Kang

2002)。

　同じくフィリピンのケースを取り上げながら汚職が開発に与える影響を検討したハッチクロフトもカンと同様の議論を展開する。ハッチクロフトは、レントの配分には競争的レント・シーキングを通じたものと裁量的配分という2種の方法があり、他の条件が同等なら、競争的配分より裁量的配分の方が無駄が少ないと説いている（ハッチクロフト 2007 pp.284-290）。つまり、レントの供与者とレント・シーカーの力関係に加え、レント配分のルールも重要であるということになる。

　こうした社会における権力関係および利益の配分システムを考える際、その背景をなすものとして特に途上国で重要となるのが、パトロン - クライアント関係、あるいはネポティズムなどという言葉で表現される社会関係である。独立後の国づくりの中で形成された国家や政党といった比較的新しいフォーマルな政治制度における権力と権威の関係は、その社会固有の伝統的権力関係（あるいは互恵関係）のシステムとの重なり、あるいは「ずれ」と摩擦の中で、それぞれ独特のネットワーク、力関係と利益配分システムを形成することとなる。そして、これは間違いなくレント・シーキングのあり様、費用負担とレントの配分に大きな影響を与えている。たとえば、インドネシアのスハルト政権、あるいはフィリピンのマルコス政権下の権力と利益の配分は、国家のフォーマルな組織・制度における力関係からだけでは理解することは困難である（インドネシアについては、たとえばマッキンタイアー 2007、黒岩 2004aなど参照）。

　レント・シーキングのあり方は、さらにそもそものレント供与の動機や目的にも大きく影響される。レント供与の目的は、経済成長の促進や特定産業の振興に限ったものではない。政策目標は、弱者救済や人種的配慮などによる特定グループの優遇[19]など多岐にわたり、多くのものが実は極めて政治的である。配分の基準やルールも、政策目標に応じて極めて多様であり、場合によってかなり恣意的・裁量的である。しかし、政治目的のレントも、そ

---

19) 最も典型的な例としては、マレーシアのブミプトラ政策を挙げることができよう。その他にも、多くの国で実に多くの（少数）民族政策が様々なレントを創り出している。

の多くは、副作用として直接または間接に経済的インパクトを持つ。

(2) レント・シーキングの費用

　では、それぞれのレント・シーキング過程において、どれだけの費用がかかることになるか。レント・シーキングの費用を算定することも、実はいくつもの理由から難しい。

　まず第1に、レント獲得のために行われた活動のすべてを把握することが難しい。たとえば、賄賂として支払われた金額を正確に把握することは困難な場合が多い。また、投入された時間から機会費用を算定しようとする場合にも、どこまでをレント・シーキングに当てられた時間と考えるかは必ずしも簡単ではない。つまり、レント獲得のための支出を正確に算定すること自体、難しい。

　それに加え、支出は必ずしもコストであるとは限らない。そもそも政治学では、利益集団のロビイングや政治献金などの合法的なレント・シーキング活動は、当たり前の政治活動であり、それをコストとは考えてこなかった（森脇 1997 p.273）。それどころか、地元や支持者への利益導入は政治家の使命と考えられることさえもあるであろう。また、賄賂として支出された金銭は必ずしもすべて非生産的な活動に費やされるとは限らず、その一部あるいは大部分が生産的投資に向かうこともあろう。そうであるとしたら、非合法的な賄賂も結局は成長に貢献することになる。

　さらには、正確な費用算定のためには、一旦配分されたレントの維持、あるいはその変更を目指して行われる2次的レント・シーキングも考慮される必要がある（カーン 2007b p.142、加藤 2004 p.189）。こうしたことを考慮すると、レント・シーキングによる費用を算定することは、事実上ほとんど困難である。

　では、結局のところ、レントの最終的効果・インパクトを、レントの生み出す価値とレント・シーキングの費用との差し引きの純効果で捉えようとする試みは、現実に適用はできない空論に過ぎないのであろうか。

　以上に検討した通り、現在のところ適用は難しい。しかしながら、それで

も、このアプローチによるレント、レント・シーキング理論発展の潜在的可能性は大きい。たとえば、従来数多くの研究者が説明を試み、数々のモデルを提示してきた韓国のケース——汚職、レント・シーキングの蔓延と優れた経済発展のパフォーマンスというパラドックス——は、このアプローチを用いると次のように説明できるであろう。

(3) レントとレント・シーキングの純効果—韓国のケース—

韓国をはじめとした北東アジアの一部の国においては、特定産業振興のための選択的産業政策が深刻な「政府の失敗」を招くことなく、一定の効果を挙げたと考えられる。これについて、1994年の世界銀行による『東アジアの奇跡』は、「コンテスト」という概念を用いて説明している。この説明によると、北東アジアの一部の国々では、少数の参加者（財閥）によるパフォーマンス基準の「コンテスト」によって勝者を選び（"picking winners"）レントを与えるシステムが機能しており、ここでレフリー（審判）を務め、勝者を決定したのは、正直で有能な官僚であった。つまり、世界銀行は、レントの配分が、賄賂の額（すなわち市場における競争によって配分されることを意味する）や「裁量」によってではなく、明確な客観的パフォーマンス基準による競争、すなわち「コンテスト」によって決定されていたことを、経済の効率性が維持された理由であると強調する（世界銀行 1994）。

この北東アジアの経験の典型とされる韓国のケースに、レントとレント・シーキングを区別してその総合的効果を考えるというカーンのアプローチを応用すると、どのような説明が可能であろうか。

「漢江（ハンガン）の奇跡」と賞される高度経済成長を実現した1960年代～1980年代の韓国において、政府は、多種多様にわたる政策手段を動員した産業政策を立案・実施して、産業構造の高度化と輸出・経済成長の促進を図っていた。この時期の産業政策の概要を表2-1に示す。

ここで与えられたレントは、政府が必要と考える産業を育成するための産業政策を通じた学習レントであり、具体的には補助金、政策金融や外貨優先割り当て、政府によるインフラ整備等、様々な優遇措置であった。そしてこ

表 2-1　韓国高度成長期の主要産業政策と政策手段

政策の内容 ＼ 部門	機械*1 (1967)	造船*2 (1967)	電子*3 (1969)	石油化学*4 (1970)	鉄鋼*5 (1970)	非鉄金属*6 (1971)	繊維*7 (1979)
規則							
参入規制	✔	✔	✔	✔	✔	✔	✔
規模に関する規則							
施設標準の設定	✔	✔					
規模拡大承認制				✔	✔		✔
国内生産設備利用奨励	✔		✔				
生産に関する規則							
原材料輸入規則					✔	✔	
生産規準設定とその監視	✔	✔	✔		✔	✔	
技術の輸入規制	✔		✔				
合理化							
合理化計画	✔	✔	✔	✔			✔
研究開発支援							
研究開発補助金	✔		✔	✔	✔		
研究開発合同プロジェクト			✔				
金融支援							
特別目的基金	✔	✔	✔		✔	✔	✔
金融支援	✔	✔	✔		✔	✔	✔
補助金							
補助金	✔					✔	
公共料金減額	✔				✔		
税制措置							
特別償却	✔					✔	
減税もしくは免税	✔	✔	✔	✔	✔	✔	
(特別) 工業団地の設置	✔		✔	✔			✔
行政的支援							
海外展開促進			✔		✔		
原料調達支援					✔	✔	
業界団体	✔	✔	✔				✔

*1：機械工業振興法　　*2：造船工業振興法　　*3：電子工業振興法　　*4：石油化学工業育成法　　*5：鉄鋼工業育成法　　*6：非鉄金属製鉄事業法　　*7：繊維工業近代化推進法
出所：Chang 1994 pp. 115-116 Table 4.10, 安・金 1995 p. 327,『合同年鑑 1980』に基づき筆者作成。

のレント獲得の競争に参加する権利を認められたのは、実質的には、豊富な財力と比較的高い技術力を有する財閥に限られていた[20]。参加者が少数（の財閥）に限定されたことは、公正の観点、あるいは有望な新興企業家の参入可能性を阻むという点からは批判されるべきであっても、他方、（レント・シーキングの）取引費用を抑制するという意味からは有益なことであったと考えられる（Chang 1994）。そして、「有能で正直なレフリー」（経済官僚）の存在により、レント配分を決定するルールは明確なパフォーマンス基準に限られ（世界銀行 1994）、他の要素による裁量の余地は概ね排除されていたため、ここでもその他のレント・シーキング活動による無駄な取引費用は最低限に抑えられた。

　しかし、ここでレフリーの「正直さ」を支えたのは、必ずしも単なる官僚の道徳・倫理観とそのベースとしての社会の伝統だけではない。それどころか、韓国社会の慣行は、むしろ、通常便宜供与の返礼として金一封の授受がなされるというものであった。そうした中にありながらも、経済成長に対するリーダーの強固なコミットメントの下、成長の実現こそが実績となり昇進につながる官僚の人事システムと、その適切な実施を担保する行政のモニタリングシステムといった制度配置こそが、この客観的レフリーの存在を普遍的かつ現実的なものとした鍵である[21]。すなわち、レフリーを務め、レントの配分を決定した官僚たちも、自身の立身出世のためには経済成長への貢献という実績が必要であった。つまり、これはレントを求める企業の側からみると、レントを得るためには良いパフォーマンスを挙げる必要があったということであり、その結果、レント獲得のための競争、レント・シーキングの支出は生産的投資そのものとなったということである。成長促進的な学習レントと、成長を促進するレント・シーキングとの純効果（「差し引き」）は、ここでは「差し引き」ではなく、プラスとプラスの和となり、大きな効果を

---

20)　韓国高度経済成長期の産業政策については、Amsden（1989）、Woo（1991）、Chang（1994）などに詳しい。
21)　韓国において、多くの汚職が存在しながらも高度成長が実現されたことに対する説明としては、Kong（1996）、堀金（2009）など参照。

生むことが可能となる。仮にレントの成長促進的効果については疑問が残るとしても、レント・シーキングの効果自体がプラスとなり得るのである。

　もちろん、以上のモデルは、実際の韓国の経験を説明するものとしてはあまりに理想的であるという批判もあろう。多くの研究が指摘するように、実際には韓国でも多くの汚職、すなわちパフォーマンス基準を逸脱した裁量的レント配分が存在した。それでも他の途上国と比較すると相対的には汚職が少なかったと理解し、それにより高度成長を説明する世界銀行や開発主義モデルに対し、反対の立場をとるカンによると、パフォーマンス・ベースのコンテストを支えたとされる「実績」は、実は捏造されたものに過ぎなかった（Kang 2002 pp.108-120）。

　実際、汚職の事実は明らかにあった。実績の捏造もある程度存在したことであろう。しかしながら、その場合にも賄賂の金額だけがレントの授与を決定していたわけでは「多分」ない。なぜなら、それが経済のパフォーマンスを大きく妨げるようになると、「レフリー」を務める官僚としては、自らの「業績」を低下させることとなって不都合であるため、賄賂の金額にかかわらず、一定の業績を確保することが期待できない参加者にレントを配分することは好ましくなかったはずだと考えられるからである。そして、そもそも財閥しか参加できない「コンテスト」において、その参加者たちは、全員、ある程度の業績を上げる基礎能力は有しており、さらには、一定の業績を上げないと次回のコンテストには参加を許されないという事実上の「飴と鞭」のルールを熟知していたはずである。したがって、やがてサムスンに代表されるような十分な国際競争力を有する多くの企業を輩出する時代を迎えることになる韓国においては、実際のところ、レントはプラスの効果を生み出したと考えるのが妥当ではなかろうか。そして、成長促進的な学習レントを獲得しようとする財閥間の競争を、多少の弊害は伴いながらも基本的には生産性の向上に直接関連付ける、ユニークなレント・シーキングのルールが、ここには形成されていたと考えられる。このように理解することは、昨今の新しい開発主義を考えるに当たって、重要な政策的含意を有するに相違ない。

(4) 開発の政治経済学に向けて

　レントは、必ずしも「悪」とは限らない。それは場合によっては、経済的効率を犠牲にしながらも、人種間格差など社会における不公平を是正するという政治・社会的役割を果たすとともに、「賢く」利用すれば経済成長を促進することもできると考えられるようになってきた。しかし、レントのあるところには、人間の性として、ほぼ確実にそのレントをめぐる競争、レント・シーキングが生じる。そして、このレントをめぐる競争は、多くの場合、レントの生み出す社会的便益を上回る費用を社会に課し、「浪費」し、結果としてレントを「悪」としてきた。レントをめぐる競争者たちが、しばしば非合法的な「汚職」の形をとることを厭わなかったことも、レントやレント・シーキングを「悪」とすることに一役買っていたということができるかもしれない。

　しかし、昨今のレント研究の進展により、「結果として良いレント」を創出する可能性が論じられるようになってきた。そのためには、レントそのものが成長促進的である必要があるとともに、レント・シーキングの費用が最低限に抑えられる、あるいはそれ自体が成長促進的なベクトルを示すような制度設計が必要である。ここに政治学（あるいは政治経済学）の貢献の大きな可能性がある。

　従来の政治学は主として非合法なレント・シーキング、すなわち汚職にのみ注目をしてきた傾向がある。そしてその非合法性、非倫理性により、一部の近代化論者の例外を除くと、多くが汚職を否定的に扱い、専らその撲滅の方策を探求してきた。しかしその一方で、先進国における合法的なレント・シーキング（ロビイング）は、民主主義社会を支える利益集約、利益表出のあり方として、当然視されている。すなわち、多元主義の観点からは、先進民主主義諸国の政治において利益団体が好ましい政策形成・決定に向けて影響力を行使すること、そのために資源を費やすレント・シーキングは、合法的範囲内であれば許容される。あるいは、許容どころか、それこそが民主主義の政治過程であると理解されるのである。ここには明らかに一種のバイアスがある。

途上国の政治研究が「レント・シーキング＝汚職＝悪」という単純な認識を捨て、さらに経済学における新しいレント研究からの知見を取り入れて、レントとレント・シーキングを再定義したうえでその分析に取り込んでいくことが望まれているのではなかろうか。それが成功裏になされれば、正の純効果を生むレント構築のための産業政策と開発の政治経済学[22]へと発展し、21世紀の開発主義国家モデル構築に貢献できるのではないか。政治学と経済学の協力の下、模索はすでに始まっている。

■参考文献■

Amsden, A. H. (1989). *Asia's Next Giant: South Korea and Late Industrialization*. New York: Oxford University Press.

安忠榮・金周勲 (1995)「対外指向貿易対策と産業発展」車東世・金光錫編『韓国経済半世紀―歴史的評価と21世紀ビジョン』韓国開発研究所 (韓国語)。

Campos, N. F. and Nugent, J. B. (1999). "Development Performance and the Institutions of Governance: Evidence from East Asia and Latin America." *World Development* **27**: 439-452.

Chang, Ha-Joon. (1994). *The Political Economy of Industrial Policy*. London: Macmillan.

Evans, P. (1995). *Embedded Autonomy: States and Industrial Transformation*. Princeton: Princeton University Press.

Fritz, V. and Menocal, A. R. (2006). "(Re)building Developmental States: From Theory to Practice." Working paper **274**. London: Overseas Development Institute.

Fukuda-Parr, S., Lopes, C. and Malik, K. eds. (2002). *Capacity for Development: New Solutions to Old Problems*. New York: Earthcan Publications.

Gardiner, J. (2002). "Defining Corruption." in Heidenheimer, A. J. and Johnston, M. eds. *Political Corruption: Concepts and Contexts*, 3rd ed. New Bruns-

---

[22] 政治経済学 (political economy) という語は、アダム・スミスの時代以来、実に様々な意味で用いられてきた。最近でも、政治と経済の相互関係を扱う学問分野として定義されることがある一方、方法論上のアプローチの1つと見なされることもある (Weingast and Wittman 2006 p.3)。ここでは、どちらかというと前者を意味しながらも、方法論的にも重要な一部を共有する真に学際的な領域を想定している。

wick: Transaction Publishers.

Gillespie, K. and Okruhlik, G. (1991). "The Political Dimensions of Corruption Cleanups: A Framework for Analysis." *Comparative Politics* **24**: 77-95.

Grindle, M. S. ed. (1980). *Politics and Policy Implementation in the Third World*. Princeton: Princeton University Press.

―― (2004). "Good Enough Governance: Poverty Reduction and Reform in Developing Countries." *Governance* **17**: 525-548.

Haggard, S. (1990). *Pathways from the Periphery: The Politics of Growth in the Newly Industrializing Countries*. Ithaca, N. Y.: Cornell University Press.

『合同年鑑』(1980)(韓国語)

Heidenheimer, A. J. and Johnston, M. eds. (2002). *Political Corruption: Concepts & Contexts*. New Brunswick: Transaction Publishers.

堀金由美(2009)「汚職と経済発展のパラドックス―韓国朴政権下における官僚の合理的行動からみた試論」『年報政治学』2009-Ⅰ、322-344 頁。

Huntington, S. P. (1968). *Political Order in Changing Societies*. New Haven, CT: Yale University Press.

―― (1991). *The Third Wave: Democratization in the Late Twentieth Century*. Norman: University of Oklahoma Press. (坪郷實・中道寿一・藪野祐三訳『第三の波―20 世紀後半の民主化』三嶺書房、1995 年)

ハッチクロフト、P. D. (2007)。「発展を妨げる汚職―フィリピンの特権政治」カーン、M. H.、ジョモ、K. S.編、中村文隆・武田功・堀金由美監訳『レント、レント・シーキング、経済開発―新しい政治経済学の視点から』人間の科学新社。

Hutchcroft, P. D. (2002). "The Politics of Privilege: Rents and Corruption in Asia." in Heidenheimer, A. J. and Johnston, M. eds. *Political Corruption: Concepts and Context*, 3rd ed. New Brunswick, NJ: Transaction Publishers.

Hyden, G. (2008). "After the Paris Declaration: Taking on the Issue of Power." *Development Policy Review* **26**: 259-274.

石川滋(2006)『国際開発政策研究』東洋経済新報社。

Jarvis, L. S. (2005). "The Rise and Decline of Rent-Seeking Activity in the Brazilian Coffee Sector: Lessons from the Imposition and Removal of Coffee Export Quotas." *World Development* **33**: 1881-1903.

Johnson, R. A. (2004). "Corruption in Four Countries." in Johnston, R. A. ed.

The Struggle against Corruption: A Comparative Study. New York: Palgrave Macmillan.

Johnson, R. A. and Sharma, S. (2004). "About Corruption." in Johnston, R. A. ed. *The Struggle against Corruption: A Comparative Study.* New York: Palgrave Macmillan.

Johnston, M. (2005). *Syndromes of Corruption: Wealth, Power and Democracy.* Cambridge: Cambridge University Press.

カーン、M. H. (2007a)「レント、効率性、成長」カーン、M. H.、ジョモ、K. S. 編、中村文隆・武田巧・堀金由美監訳『レント、レント・シーキング、経済開発―新しい政治経済学の視点から』第 1 章、人間の科学新社。

――(2007b)「レント・シーキング過程」カーン、M. H.、ジョモ、K. S. 編、中村文隆・武田巧・堀金由美監訳『レント、レント・シーキング、経済開発―新しい政治経済学の視点から』第 2 章、人間の科学新社。

カーン、M. H.、ジョモ、K. S. 編、中村文隆・武田巧・堀金由美監訳 (2007)『レント、レント・シーキング、経済開発―新しい政治経済学の視点から』人間の科学新社。

Kang, D. C. (2002). *Crony Capitalism: Corruption and Development in South Korea and the Philippines.* Cambridge: Cambridge University Press.

加藤学 (2004)「産業政策におけるレント・シーキングとガバナンス」黒岩郁雄編『開発途上国におけるガバナンスの諸課題―理論と実践』アジア経済研究所。

Kaufman, D., Kraay, A. and Mastruzzi, M. (2007). "Governance Matters VI: Aggregate and Individual Governance Indicators 1996-2006." World Bank Policy Research Working Paper **4280**. Washington, D. C.: World Bank.

Khan, M. H. (2006). "Rent Seeking and Corruption." in Alexander, C. D. ed. *The Elgar Companion to Development Studies.* Cheltenham: Edward Elgar.

Knott, J. H. and Miller, G. J. (2006). "Social Welfare, Corruption and Credibility." *Public Management Review* **8**: 227-252.

Kong, T. Y. (1996). "Corruption and Its Institutional Foundations: The Experience of South Korea." *IDS Bulletin* **27**: 48-55.

Kotkin, S. and Sajo, A. eds. (2002). *Political Corruption in Transition: A Sceptic's Handbook.* Budapest: Central European University Press.

Krueger, A. O. (1974). "The Political Economy of the Rent-seeking Society."

American Economic Review **64**: 291-303.
黒岩郁雄（2004a）「インドネシアの経済危機とガバナンス―汚職、契約執行、所有権の保護」黒岩郁雄編『開発途上国におけるガバナンスの諸課題―理論と実際』アジア経済研究所。
――編（2004b）「特集：ガバナンスと経済開発」『アジ研ワールドトレンド』No. 101, 2-35 頁。
Lee, Hahn-Been (1968). *Korea: Time, Change, and Administration*. Honolulu: East-West Center Press.
Lipset, S. M. and Lenz, G. S. (2000). "Corruption, Culture, and Markets." in Harrison, L. E. and Huntington, S. P. eds. *Culture Matters: How Values Shape Human Progress*. New York: Basic Books.
マッキンタイヤー、A.（2007）「不透明な貨幣―インドネシアにおける財政政策、レント・シーキングおよび経済パフォーマンス」カーン、M. H.、ジョモ、K. S. 編、中村文隆・武田巧・堀金由美監訳『レント、レント・シーキング、経済開発―新しい政治経済学の視点から』第6章、人間の科学新社。
森脇俊雅（1997）「レントシーキング問題について」『法と政治』**48**(1)、267-289 頁。
Myrdal, G. (1968). *Asian Drama: An Inquiry into the Poverty of Nations*. Vols. I-Ⅲ, Harmondsworth: Penguin Books.（板垣與一訳『アジアのドラマ―諸国民の貧困の一研究（上）（下）』東洋経済新報社、1974 年）
Olson, M. (1971). *The Logic of Collective Action: Public Goods and the Theory of Groups*. Cambridge, MA: Harvard University Press.（依田博・森脇俊雅訳『集合行為論―公共財と集団理論』ミネルヴァ書房、1983 年）
―― (1993). "Dictatorship, Democracy, and Development." *American Political Science Review* **87**: 567-576.
―― (1997). "The New Institutional Economics: The Collective Choice Approach to Economic Development." in Christopher, C. ed. *Institutions and Economic Development: Growth and Governance in Less-Developed and Post-Socialist Countries*. Baltimore: The Johns Hopkins University Press.
Riggs, F. W. ed. (1970). *Frontiers of Development Administration*. Durham: Duke University Press.
Rose-Ackerman, S. (1999). *Corruption and Government: Causes, Consequences and Reform*. Cambridge: Cambridge University Press.

Rostow, W. W. (1960). *The Stages of Economic Growth: A Non-Communist Manifesto*. Cambridge: Cambridge University Press. (木村健康・久保まち子・村上泰亮訳 『経済成長の諸段階——一つの非共産主義宣言』ダイヤモンド社、1961年)

世界銀行(1987)『世界開発報告 1987』世界銀行。

―― (1994)『東アジアの奇跡——経済成長と政府の役割』東洋経済新報社。

―― (1997)『世界開発報告 1997』東洋経済新報社。

Shleifer, A. and Vishny, R. W. (1993). "Corruption." *The Quarterly Journal of Economics* **108**: 599-617.

鈴木泰(2006)『開発政策の合理性と脆弱性——レント効果とレント・シーキングの研究』晃洋書房。

Wade, R. (1990). *Governing the Market: Economic Theory and the Role of Government in East Asian Industrialization*. Princeton: Princeton University Press. (長尾伸一他訳『東アジア資本主義の政治経済学——輸出立国と市場誘導政策』同文舘出版、2000年)

Weder, B. (1999). *Model, Myth, or Miracle: Reassessing the Role of Governments in the East Asian Experience*. Tokyo: United Nations University Press.

Weingast, B. R. and Wittman, D. A. (2006). "The Reach of Political Economy." In *The Oxford Handbook of Political Economy*. New York: Oxford University Press.

Woo, Jun-gen (1991). *Race to the Swift: State and Finance in Korean Industrialization*. New York: Columbia University Press.

政策編

第3章

国際経済学から考えるレント

 経済学には、ケインズ経済学、マネタリズムや新しい古典派など様々な経済学派があり、ときとして、経済学者間で激しく論争が行われる。しかし、経済学者の間でほぼ意見の一致をみることができる理論・政策もあり、その代表例が自由貿易への支持であろう[1]。しかしながら、経済学者とは異なり、世間一般では自由貿易を支持する声は決して多くない[2]。

 経済学者が自由貿易を望ましいと考える根拠はいくつかある。第1に、費用・便益分析に基づくと、自由貿易は関税や輸入数量制限などの保護貿易政策よりも経済厚生が大きい。たとえば、消費者は安価な輸入品を購入できるだけでなく、輸入品を含めた数多くの財の中から購入することが可能となる。第2は動態的利益と呼ばれるものであり、自由貿易によって競争や模倣の機会が高まり、その結果、技術進歩や学習効果が促進され生産性が向上する。第3に歴史の教訓からの自由貿易への支持である。1930年代の保護主義の世界的な広がりが不況を深刻化させたが、その一方で第二次世界大戦後のGATTやWTOに基づく自由貿易体制によって世界経済は高い成長率を達

---

1) Alston, Kearl and Vaughan (1992) が1990年に行った経済学者へのアンケート調査の中に、「関税と輸入割当は、通常、一般的な経済厚生を低下させる」という質問項目がある。この質問に対して、賛成 (71.3％) と条件付き賛成 (21.3％) で90％を超え、自由貿易への支持では経済学者の意見の一致がみられる。そして、反対の割合 (6.5％) は40ある質問項目のうち最も低かった。
2) 自由貿易が価格を低め長期的な成長を促進させる良いアイデアか、それとも賃金を引き下げ雇用を喪失させる悪いアイデアかという問いに、一般的なアメリカ人は前者が50.9％で後者が44.2％であった (PIPA 2000)。また、経済学者と普通の人々との自由貿易に対する考え方の違いがなぜ生じるかについては、Coughlin (2002) が詳しい。

成することができた。そして最後に、自由貿易は万全な政策ではないかもしれないが、政治経済学的視点までを含めて考えると、保護主義に比べてまだ望ましいと考えられる。

本章での中心的論点は、この最後の政治経済学的視点からの自由貿易への支持である。結論を先取りする形でいえば、自由貿易はレント・シーキングの余地を小さくすることができるという理由で望ましいものといえよう。そして、途上国の経済発展のために、世界が、特に先進国が自由貿易を堅持することが不可欠であり、加えて、途上国の経済発展に必要とされる制度改革を促すうえでもインセンティブ・システムとして直接投資が重要な役割を果たすことになるだろう。

1. 貿易政策とレントおよびレント・シーキング

しばしば、レントは超過利潤といわれるが、スティグリッツ（Stiglitz, J. E.）の言葉を借りると、レントは「ある生産要素を供給させるために必要な水準を超えた支払い」（スティグリッツ 2006 p.598）となる。本章は国際経済学の視点から考察するため、レントを「関税や輸入数量制限などの貿易政策によって得られる便益」という限定された意味で用い、レント・シーキングを「レントそれ自体を獲得しようとする活動やそのために貿易政策に影響を与えようとする活動」として考える。国際経済に関する具体的なレント・シーキングとして、

① 関税や輸入数量制限のような保護貿易政策を政府に求める行動
② 関税収入の分配に与ろうとしたり、輸入許可証を獲得しようとするなど、保護貿易政策によって生まれたレントを獲得しようと政府に働きかける行動

を挙げることができる[3]。

---

3) そのほかに、関税や輸入数量制限などから逃れるための密輸などの非合法的行動もレント・シーキングとして考えられる。

第1節では、関税と輸入数量制限の経済効果に関する標準的な解説を行った後、レントおよびレント・シーキングの概念を導入し改めて2つの経済効果について議論していく。そして、バグワティ（Bhagwati, J.N.）のDUP活動について検討し、最後に、レントやレント・シーキングについて考察する。

(1) 関税と輸入数量制限の経済効果

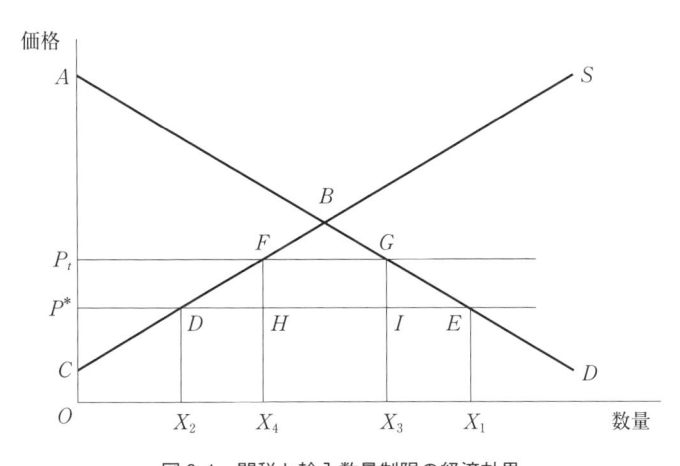

　まず、関税および輸入数量制限の経済効果を部分均衡分析を用いて分析する[4]。図3-1は、X財に関する国内供給曲線Sおよび国内需要曲線Dを示している。X財の国際価格をP^*とする。自由貿易の下では、国内価格もP^*となるため、国内ではX_1の需要量となるが、そのうち国内の生産者によって供給されるのはX_2であり、残りのX_1X_2は輸入量となる。この場合、消費者余剰はAEP^*、生産者余剰はCDP^*となり、総余剰を$AEDC$で表すことができる。ここで、関税をかけた場合の経済効果についてみてみよう。輸入品1単位当たりtの関税をかけた場合、自由貿易の場合に比べ、国内価格

図3-1　関税と輸入数量制限の経済効果

---

[4]　ここでは部分均衡分析で議論を進めているが、小国であること、完全競争市場であることなどの仮定をおいている。

は P_t（$=P+t$）に上昇するため、需要量は X_3 に減少し、供給量は X_4 に増加し、輸入量は X_3X_4 に減少する。この場合の経済厚生をみると、消費者余剰は AGP_t、生産者余剰は CFP_t となり、それに関税収入 $FGIH$ を加えたものが総余剰となる。したがって、関税をかけた場合、自由貿易の場合と比較して、DFH と EGI の 2 つの三角形の分だけ総余剰は減少する。

次に、輸入数量制限の経済効果についても図 3-1 を用いて分析する。関税の効果と比較するため、関税をかけた場合と同じ輸入量（$=X_3X_4$）になるように輸入量を制限した場合の経済効果を考える。この場合、輸入量が X_3X_4 に制限されることから国内価格は上昇し P_t となるため、関税の場合と同様に需要量は X_3、供給量は X_4 で表すことができる。このとき、消費者余剰は AGP_t、生産者余剰は CFP_t となる。そして、輸入業者は X 財を海外で P^* で購入し、国内で P_t で販売することができるため、輸入品 1 単位当たり P_tP^* の売買差益を手に入れることができる。つまり、消費者余剰と生産者余剰に輸入業者の利益として $FGIH$ を加えたものが、輸入数量制限の場合の総余剰となる。したがって、輸入数量制限の場合も、自由貿易と比べて DFH と EGI の 2 つの三角形を合計した分だけ余剰の損失が生じる。一般的に、保護貿易は自由貿易と比べて経済厚生は減少する[5]と考えられ、この効率性が自由貿易を支持する 1 つの根拠となる。また、$FGIH$ の部分が関税収入となるか輸入業者の利益となるかの違いはあるが、関税と輸入数量制限の社会的余剰は等しくなる[6]。このことを指して、「関税と輸入数量制限の同等性」と呼ぶ。

しかしながら、WTO は貿易政策として輸入数量制限よりも関税を推奨している。以下の 2 つの理由から関税の方が市場への歪みが小さいと考えられるためである。第 1 に、輸入数量制限は関税に比べて競争が抑制されるから

---

5) 保護貿易政策が自由貿易と比べて経済厚生の増加をもたらすことを理論的に示すこともできる。たとえば、関税の場合、小国の仮定を大国に変えると、若干の関税をかけることにより自由貿易に比べて経済厚生は大きくなる（最適関税論）。そのほかに、幼稚産業保護論、外部経済の存在や不完全競争市場の場合、戦略的貿易論などがある。

6) もちろん、海外の貿易業者が $FGIH$ を獲得することがあれば、その分だけ自国の経済厚生は減少する。

である。関税の場合には、海外の生産者は関税がかけられたとしても当該財市場へ自由に参入できるので、競争圧力は確保される。コストを削減することによって企業は価格競争力を持つことが可能となるため、利潤へのインセンティブが働く。他方、輸入数量制限は海外からの競争圧力を直接的に規制するため、価格メカニズムは機能せず、関税の場合のようなインセンティブを企業は持たない。第2は、政府がどのような形で輸入割当を実施するかが問題となるからである。誰に輸入許可証を付与するかを決める際、客観的な基準に基づいて透明なプロセスを経て行われることは難しく、そこに政策決定者の恣意的な意志や判断が入り込む余地が残されている。そのため、輸入枠を獲得することで得られるレントを求めて政治家や官僚などに働きかける政治的な活動、つまりレント・シーキングが行われる可能性が存在する。そこで、次に、レントやレント・シーキングの視点も踏まえ、もう一度、関税および輸入数量制限の経済効果について検討する。

(2) 関税と輸入数量制限の経済効果―レントおよびレント・シーキングを考慮した場合―

前項で関税と輸入数量制限の経済効果は同一であるという、いわゆる同等性について述べた。2つの経済効果が完全に一致するためには、政府が輸入数量制限を実施する際に輸入許可証を競売にかけるならば、という前提が必要となる。もう一度図3-1に戻ると、輸入許可証を取得することができれば、輸入業者は1単位当たり $P_t P^*$ の利益を確保できるため、競売で競り落とすために $P_t P^*$ まで支払おうとするだろう。この結果、政府は競売によって輸入業者の利益（= $FGIH$）を手に入れることができる。

このことは、視点を変えると、誰が $FGIH$ を手に入れるかが大きな問題となることを示している。この $FGIH$ がレントであり、このレントを獲得することを目的として、人々は競い合うことになる。この輸入数量制限に伴うレント・シーキングの問題を最初に取り上げたのが、クルーガーである（Krueger 1974）。クルーガー（Krueger, A.O.）によると、輸入数量制限による厚生損失は、非効率な資源配分からなる厚生の損失のほかに、競争的レント・

シーキングから生じる追加的損失も含まれる。具体的には、2つの三角形 DFH と EGI の合計分に $FGIH$ を加えたものが、輸入数量制限による厚生損失となる。輸入数量制限によって生じる余剰（＝$FGIH$）をクォータ・レントと呼ぶが、このレントを獲得しようとレント・シーキングに資源が費やされることから、経済厚生の損失が生じる。つまり、レント・シーキングによって生産量が増大するわけではなく、もし生産活動に資源が投入されていたとするなら、より多くの財を生産することができるため、レント・シーキングは社会的には浪費と考えられる。さらに、レントの獲得を目指す経済主体の間で競争が生じると、それだけレント・シーキングは盛んになると考えられることから、多くの資源が浪費され、より一層の経済厚生の低下を招く。したがって、競争的レント・シーキングはクォータ・レントを消滅させる可能性がある。

　ここで今後のレントに関する議論の一助として、政治経済学的視点から、貿易政策について考察する。経済学的には自由貿易の方が望ましいにもかかわらず、なぜ保護貿易はなくならないのか。その理由は、仮に自由貿易によって一国全体の経済厚生が大きくなったとしても、所得分配に大きな変化が生じるからである。図3-1から明らかなように、一国全体としては自由貿易の方が保護貿易に比べ経済厚生は大きい。しかし、個別にみると、すべての経済主体の厚生が大きくなっているわけではなく、消費者と生産者の利害は相反することがわかる。たとえば、関税をかけると自由貿易と比べ、消費者余剰は P_tGEP^* だけ減少するが、生産者余剰は P_tFDP^* だけ増加する。逆に、保護貿易から自由貿易の移行によって、今度は消費者余剰が増加し生産者余剰は減少する。このように一国全体の利害と個別の利害が衝突する場合、あるいは各経済主体の利害が異なる場合、政策決定プロセスにおいてどのような論理が働くのであろうか。この場合の1つの説明として、「経済の論理」よりも「政治の論理」が働きやすいと考えられる。消費者の利益や損失は多数の人々に分散するため1人当たりでみれば小さいのに対し、生産者の利益や損失は比較的少数の人々に集中するため1人当たりでみると大きい。このように消費者に帰属する利害は小さいため、消費者は自分の利害に無関心で

あり積極的な行動をとろうとせず、ときにはフリー・ライダーになろうとする。一方、生産者の利害は大きいため、自らの利害に大きな関心を持ち積極的な行動に出る。そのため、生産者はまとまりやすく組織化されやすいことから、1つの強力な利益集団となって政治力を結集しやすい。オルソン（Olson, M.）の集合行為論が示唆するように、小規模でよく組織されている集団の利害が反映されやすい（オルソン 1983）。さらに、現在の社会は民主主義の進展による「当事者優先」という性格を強く持つ。このように考えると、現実の政策決定において、生産者の意向を優先する傾向が強くなるため保護貿易政策は容易に採用される可能性がある。

　以上のことをレントとの関連で検討する場合、タロック（Tullock, 1967）の議論が有益となるであろう。一般的な説明では、関税をかけた後の総余剰は DFH と EGI の2つの三角形の分だけ減少し、生産者余剰の増加分 P_tFDP^* は消費者からの単なる移転（消費者を犠牲にした余剰の移転）に過ぎない。しかし、タロック（Tullock, G.）によれば、関税の社会的費用は2つの三角形の合計分ばかりでなく、P_tFDP^* の部分も含まれることになる。国内産業の保護を理由に、生産者は関税をかけることを政府に求めるだろう。それは、ロビイ活動に資源を投じて政府に働きかけることになるため、こうした支出は社会全体からみれば浪費となる。つまり、関税をかけたことによる生産者余剰の増加分 P_tFDP^* はレントであり（タロックは論文の中でレントと明示してはいないが）、そのためのレント・シーキングは新たな余剰を創出するわけではなく、余剰を移転しようとして資源を浪費するだけに終わる。

　さらに、政府が関税収入をどのような用途に用いるか、それは政府のあり方とともに問われることになろう。伝統的な貿易理論では、政府は個別の経済主体の利害にとらわれることなく社会全体のことを考えて政策を決定するという暗黙の前提がある。関税収入による歳入の増加が、たとえばそれと同額の減税を通じて国民に還元されたり、支出に見合った利益を国民にもたらすような政府支出であるならば、関税収入は余剰の増加につながる。しかしながら、関税収入が、海外の銀行預金に向かったり、奢侈品の購入などムダな政府支出に使われたりするならば、そのような使われ方は浪費的な性格を

持つため、余剰が増加したことにはならない。関税収入の分配に与ろうとしてレント・シーキングが行われたり、一部の途上国にみられるように、政府そのものがレント・シーカーとして行動するならば、関税収入の余剰としての意味は減ぜられたり失われることになる。

(3) DUP 活動の経済効果

クルーガーらのレント・シーキングの分析をさらに一般的な形で展開したのが、バグワティ (Bhagwati 1982) である。彼は DUP 活動 (Directly Unproductive, Profit-seeking Activities：直接的には非生産的な利潤追求活動) という概念を導入して、レント・シーキングをより包括的に扱っている[7]。DUP 活動は文字通り、それ自体としては直接生産を増加させるものではなく、そこに投入される労働や資本などの資源を浪費する活動として考えられる。バグワティによると、関税などの保護貿易政策は経済厚生を低下させるが、そこに DUP 活動が伴うとより一層の経済厚生の低下をもたらす。

バグワティの議論を図3-2を用いて説明する。小国の仮定をおき、X 財（輸出財）と Y 財（輸入財）の2財の一般均衡モデルで議論する。図の AB は自国の生産可能性フロンティアを、RQ は交易条件線（国際市場における X 財の相対価格：P_X/P_Y）を示している。自由貿易が行われるとき、生産可能性フロンティアと交易条件線の接点である P で生産が行われる。ここで今後の議論のために、Y 財に関税をかけた場合について考えてみる。Y 財に関税をかけると、国内市場における X 財の相対価格 (P^*_X/P^*_Y) は下落するが、この場合の2財の交換比率を $R'Q'$ で示す。したがって、関税をかけた後の新たな生産点

---

[7] バグワティはDUP活動とレント・シーキングを区別している（バグワティ 2004）。「レントという考え（割当が生み出す超過利潤）は限定的すぎるために用いず、その概念は単純にDUP活動（レントの追求とは別の活動）として表すべきだと考えた。また、その概念によって問題の浪費が直接的なものだという事実をはっきり認識させるべきだとも考えた。貿易障壁など、きわめて歪んだ経済構造を生み出す政策が全体として運用された場合、間接的には厚生に寄与することがあるからだ。結果としてそれは、DUP活動という概念になった」(pp. 36-37)。「レント・シーキングという狭い概念、あるいはDUP活動という広い概念」(p. 37)。

図3-2 DUP活動の経済効果

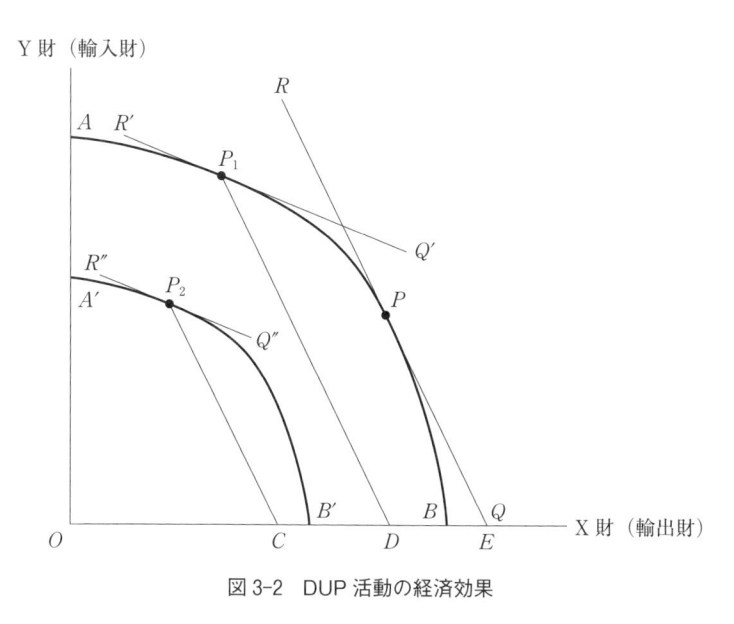

はP_1となる。自由貿易の場合と比べ関税をかけることによってX財で計るとDEだけ経済厚生が失われることになる。実際には、Y財に関税をかけることを目的としてレント・シーキングが行われる。この活動によって資源が浪費されるため、生産可能性フロンティアはABから$A'B'$に縮小する。当初の目的通りY財に関税がかけられると、$A'B'$と$R''Q''$の接点P_2で生産は行われる。したがって、レント・シーキングによる社会的損失はCDとなる。以上のことを要約すると、レント・シーキングによって関税がかけられると、社会的余剰の損失をCEで表すことができるが、そのうちDEが関税による損失であり、CDがレント・シーキングに伴う損失である[8]。

---

[8] 厳密にいえば、理論的には、関税をかけるような政府介入によって市場に歪みが生じている場合、DUP活動が逆に経済厚生を高めることもある。したがって、市場が失敗している限り、DUP活動が常に望ましくないと結論付けることはできない。しかし、このような場合であっても自由貿易の下での経済厚生を上回ることはない。

（4） レントおよびレント・シーキングに関するインプリケーション

　レント・シーキングにも当然、労働や資本などの資源は投入されるが、投入される資源は生産の増加をもたらすものではなく、レント・シーキングを行った経済主体に対してレントという報酬をもたらす。たとえば、自動車の輸入に対して関税をかけた場合、レントを獲得するのは自動車産業、ロビイスト、政治家や官僚などであろう。いったん関税などの保護貿易政策によって、ある経済主体の経済厚生が大きくなったならば、当然その経済主体は、その政策の継続を求めて政治的に働きかけるであろうし、ときにはより一層の保護貿易政策を要求することになるだろう。さらに、そのレントを求めて別の新たな経済主体がレント・シーキングを行うことも考えられる。いずれにしろ、一度始まった保護貿易政策は固定化しやすく、特定の経済主体に対する既得権益を形成してしまう。そして、レント・シーキングの場合、資源が生産的活動に投入される代わりに、ロビイ活動であったり陳情であったり、ときには贈収賄などの非合法な活動に投入されるため、投入された労働や資本などは浪費となり、一国全体の経済厚生を減少させてしまう。つまり、個別の経済主体からみれば、レント・シーキングは合理的な活動であると考えられるかもしれないが、社会全体として考える場合、浪費となる。したがって、レント・シーキングは望ましいものということはできず、制限されるべきものであろう。

　クルーガーにしろバグワティにしろ、その議論の中に、レントは政府が何らかの形で市場に介入することによって創出されるものであり、レント・シーキングそれ自体は何ら生産的ではない、という暗黙の前提が含まれているのかもしれない。したがって、この前提に立てば、関税や輸入数量制限などの保護貿易政策が、自由貿易に比べ経済厚生の減少をもたらすばかりでなく、保護を求めようとしたり、その保護に伴うレントを獲得しようとするレント・シーキングが、さらなる経済厚生の減少をもたらすことになる。このように考えると、自由貿易は、レント・シーキングの余地を小さくするという意味でも、望ましいものとなるだろう。新古典派経済学を基本としながら、その仮定の中で暗黙的に政府は外生的なものとして考える議論から一歩踏み出し、

政府は内生的なものとして議論する立場からの論の展開である。

2. 幼稚産業保護論と学習レント

(1) 幼稚産業保護論

　政府は産業の育成を目指し関税や輸入数量制限などの保護貿易政策を実施する。その理論的根拠となっている考え方が、リストにまで遡ることができる幼稚産業保護論である。幼稚産業保護論は、現在では「動学的規模の経済」を取り入れ精緻化されており、それを正当化するための条件についても、理論的には整理されている。幼稚産業保護論とは、幼児の段階では親の保護が必要であるように、設立されたばかりの産業は十分な競争力を持つことができないため、国際競争力を身に付けるまで、政府が一時的にその産業を保護することが必要であるという考え方である。ここでいう保護の対象とすべき産業とはすべての産業を指すのではなく、一般的には現在比較優位を持たないが将来比較優位を持つと考えられる産業のことをいう。それでも具体的にどのような産業を保護するかは明確ではないので、まずはじめに幼稚産業の保護を正当化するための条件について考察する[9]。

　第1に、当該産業は、保護貿易政策によって自立することができる将来において利潤を獲得できなければならない。これが「ミルの規準」である。しかし、将来には利潤が得られるというだけでその産業を保護すべき理由にはならないので、この規準は妥当なものとはいえない。したがって、当該産業を保護した場合の費用・便益分析を行い、将来得られるであろう利潤が現在の保護貿易による損失を上回ることが必要とされる。つまり、幼稚産業を保護する場合、長期的にみて自国の経済厚生が大きくならなければならない。厳密にいえば、当該産業が得るであろう将来の利潤の割引現在価値が、現時点での保護による社会的費用を上回ることが必要となるが、これを「バステー

---

[9] この幼稚産業を保護するための規準については、伊藤・清野ほか（1988）の4章によるところが大きい。

ブルの規準」と呼ぶ。しかし、この2つの規準は幼稚産業を保護するための必要条件ではあるが、十分条件ではない。この2つの規準を満たしているからといって、政府の産業への保護を容認する根拠にはならない。あくまでも、この2つの規準は当該産業の自立可能性を示したものに過ぎず、当初損失を計上してでも生産を行えば、将来その損失をも上回る利潤が得られる場合、民間企業は自ら生産を行おうとするインセンティブを持つことになる[10]。

　したがって、政府の介入を正当化するためには新たな条件を付け加えなければならない。そのための条件が、「動学的外部経済」の存在であり、これが「ケンプの規準」と呼ばれるものである。生産活動によって得られる生産技術や技能などに関する知識や経験は、生産性の向上につながり動学的規模の経済をもたらすと考えられるが、特定の企業だけが占有できる性質のものではない。せっかく時間をかけて習得した技能やノウハウが他の企業に容易に漏出しそこで利用されるかもしれない。このような「動学的外部経済」が存在する場合、産業全体としては動学的規模の経済が働くため生産を行うことは望ましいことだが、個別企業は将来の利潤を獲得することが難しくなり、自ら生産を行おうとするインセンティブを失ってしまう。このように社会的評価と私的評価が乖離する場合、具体的には企業の利潤最大化行動が社会的に望ましい結果をもたらさない場合、政府による介入は正当化されることになる[11]。つまり、「動学的外部経済」の存在は「市場の失敗」の典型例であり、伝統的な経済学が示唆するように、政府の介入の論拠となる[12]。

---

10) 実際、ある産業を立ち上げた段階で、企業は通常は赤字を計上しており、即座に固定費用まで含めて費用を回収できるとは考えにくい。
11) 金融市場が不完全な場合も、政府による保護の論拠となる。将来の利潤が現在の損失を上回ることが予想される場合でも、金融市場が十分に整備されていなければ、民間企業は銀行借り入れ、株式や社債の発行から外部資金を調達することは難しい。しかし、この場合も、保護貿易政策は次善の政策であり、最善の政策は政府によるその産業への融資であったり、金融市場を整備することである。
12) 大国の場合、「動学的内部経済」によって動学的規模の経済が働くと、幼稚産業の保護が正当化される場合が存在する。大国における幼稚産業の設立が、当該財の国際価格の低下を通じて、自国のみならず世界全体の消費者余剰を増加させるケースが考えられる。このことを明らかにしたのが「根岸の規準」である。

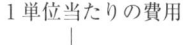

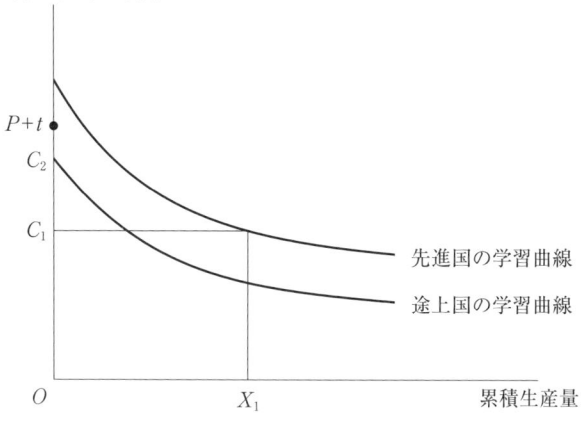

図3-3 幼稚産業保護論―学習曲線―

縦軸：1単位当たりの費用、横軸：累積生産量。$P+t$、C_2、C_1、X_1 がプロットされ、先進国の学習曲線と途上国の学習曲線（下側）が描かれている。

　以上のことを踏まえ、次に、動学的規模の経済が存在する場合の幼稚産業保護論について単純なモデルを用いて分析する。ここでは学習効果（learning by doing）に基づく外部経済が存在するケースを想定する。学習効果とは、生産の増加による技術や技能の習得にみられるような労働者の熟練を指すが、この学習効果が生産性を向上させることになる。たとえば、半導体産業あるいは研究開発投資が重要な意味を持つ先端技術産業などでは、「学習効果」が強く働くといわれている。

　学習効果を前提とすると、累積生産量の増加とともに財1単位当たりの費用が低下することになるが、このことを示したのが、図3-3の右下がりの学習曲線である。図3-3には、先にこの産業を確立した先進国の学習曲線と、これから参入しようとする途上国の学習曲線が描かれている。途上国の場合、低賃金の労働力を利用できるため、途上国の学習曲線は先進国の学習曲線より下側となる。

　この場合、当該産業の先発国である先進国の生産の開始時点が早ければ早いほど、遅れて参入しようとする途上国は、潜在的には低い費用で生産できるにもかかわらず、参入することはできない。今、先進国の累積生産量が

X_1、生産費用が C_1 としよう。単純化のため、このときの生産費用 C_1 が国際価格 P となるとする。ここで、途上国が生産を開始するとしても、その時点での生産費用 C_2 が国際価格 P を上回るため、生産によって損失が発生する。したがって、生産を行おうとするインセンティブを持たない。次に途上国政府が当該産業を保護する目的で、当該財の輸入品 1 単位当たり t の関税をかけるとしよう。その結果、国内価格は $P+t$ に上昇し、スタート時の生産費用 C_2 を上回り、利潤が得られるため、途上国は当該産業の生産を開始することができる。その後、途上国の産業の累積生産量が増加するにつれて、その生産費用は低下していく。もし、生産費用が C_1 を下回ることになると、途上国の産業は関税なしでも生産を続けることができ、十分な国際競争力を持つことができる。

　以上の考察から明らかなように、幼稚産業保護論は一応説得力のある議論である。この議論は、形のうえでは産業を特定する際に先に述べた規準を満たさなければならないが、政府が産業の育成を目指して保護貿易政策を実施することができる論拠を示した。しかしながら、その議論を現実へ適用する場合、慎重な姿勢が求められるものでもある。そこで、次に幼稚産業保護論の問題点を検討する。

(2)　幼稚産業保護論の問題点

　幼稚産業保護論は理論的には十分に根拠のあるものであろう。幼稚産業の保護が容認される場合でも、関税や輸入数量制限などの保護貿易政策は最善の政策ではなく、あくまでも次善の政策に過ぎない。直接的に作用する政策を用いるべきだというのが、経済政策の一般的原則であり、国内産業の育成を目的とするならば生産補助金を用いるのが最善の政策である。それでも、幼稚産業保護論を現実へ応用する場合、注意深く取り扱わなければならない、いくつかの理由が存在する。

　第 1 に、現実には保護すべき産業を特定することは容易ではない。保護する必要のない産業を保護の対象とする可能性を否定することは難しい。「ミルの規準」や「バステーブルの規準」にしても「ケンプの規準」にしても、

保護されるべき産業は理論的には整理されているが、政府が産業の将来性を正しく予測することができるのか、つまり政府に合理的な選択を行うだけの十分な能力が備わっているのかという疑問は常に残る。そのために必要とされる十分かつ正確な情報を、政府が民間の経済主体より持っている保証はどこにもない[13]。「市場の失敗」を根拠に保護政策を導入するという議論だとしても、「市場の失敗」と同様に「政府の失敗」も強く認識すべきであろう。第2として、しばしば起こるケースではあるが、政府による保護が非効率と怠惰を生む。この現象は、現実にライバル企業がほとんどなく、潜在的な競争相手からも政府が保護してくれる場合、途上国だけでなく、先進国においても観察される。

　最後になるが、保護はレントを創出し、レント・シーキングを引き起こす危険性がある。産業の育成の名の下に実施される保護貿易政策は、実は、特別の利害関係者のために行われているのかもしれない。また、幼稚産業保護論はその定義からして、当該産業の育成に成功した（幼稚産業でなくなった）場合、保護貿易政策は撤廃されなければならない。しかしながら、保護貿易政策を撤廃するタイミングを正確に計ることは難しい。さらに、より重要なことであるが、多くの経験が物語るように、保護は一時的なものとはならず継続される傾向が強い。いったん保護が与えられると、そこには既得権益が形成されやすく、保護政策の撤廃は今度はレントを維持するための政治的な抵抗を受けやすい。このように考えると、実際に幼稚産業を保護する場合、現実にはレント・シーキングが起こる余地が残されている。

(3) 幼稚産業保護論の再考―学習レント―

　これまで幼稚産業保護論とその問題点について述べてきたが、ここで、レントやレント・シーキングとの関連から幼稚産業保護論について再考する。

---

[13] このことに対する反論として以下のものがある。途上国の場合、先進国をモデル・ケースとして検討することによって、この問題を回避できるという主張がある。また、戦後の日本で実施された通産省主導の産業政策によって、日本の製造業は国際競争力を持つようになったという指摘もある。

理論的には、幼稚産業の保護を正当化するための規準として、「動学的外部経済」の存在、具体的には、学習効果を通じて生産性を向上させることが必要となる。このことをレントと関連させ、「学習レント」という概念からレントやレント・シーキングについて、新古典派経済学とは異なる視点からの分析が行われている。それは、レントに一定の意義や役割を認めているカーン（Kahn, M. H.）などの経済学者たちの議論である。そこでいう学習レントとは、「幼稚産業での学習加速のために、国家によって人為的に創出されたレント」（カーン 2007 p.42）[14]のことである。

　しかしながら、学習レントという概念を導入した議論によって、前述した幼稚産業保護論の問題点が解消されるわけではない。やはり、幼稚産業の育成の名のもと、レント・シーキングが行われる余地は残されているため、幼稚産業を保護する場合、慎重な姿勢は求められるべきものである。戦後の日本の経済発展において、産業を保護した結果、十分に競争力を持つようになった産業もあれば、それがうまくいかなかった産業もある[15]。幼稚産業を保護することによって、その産業が国際競争力を持つまで育成に成功するか否かは、実際には様々な条件や背景がなければならない。レントに一定の意義を認めるカーンもそのことを認識しており、「学習レントが長期的に成功するか否かは、（中略）国家が戦略的部門を見極めその部門の業績をモニタリングする管理能力と、国家が必要に応じてレントを供与したり取り消したりする政治的能力とに依存する」（カーン 2007 pp.85-86）と述べている。

　カーンのいう政府の管理能力や政治的能力に対して、過度に悲観的になることは避けなければならない。しかし、楽観視することはもっと危険であろ

---

14) カーンは別の箇所で、「レントが費用削減のインセンティブを時間の経過と共に提供し得ることである。学習の場合、そのようなレントは、通常、政策的に誘導される条件付き補助金であり、われわれはこれを『学習レント』と呼ぶことにする」と、学習レントは「政策決定によって事前的に創出される」もので「一定期間内での学習成果を条件付けている」と述べている（p.69）。また、学習レントの経済効果を、効率性への影響（静学的純社会的便益）は非効率的であり、成長への影響（動学的純社会的便益）は成長促進的な場合があると論じている（p.93）。
15) 厳密にいえば、このこと自体も論者によって評価は分かれる。三輪（2002）によれば、戦後の日本の高度経済成長は政府主導によるという考え方は根拠のない誤解である。

う。政府の「good governance」の可能性を否定するものではないが、それが常にあるいは多くの場合そうであるかと問われれば、懐疑的にならざるを得ない。そして政策の効果は、民間の経済主体が政府をどのくらい信頼しているかということが1つの重要な要因となる。特に途上国の場合、腐敗や汚職などの理由で政府に対する信頼は概して低く、政治的安定性に欠けることも少なくない。このように考えると、多くの経済学者が自由貿易を支持する際に、自由貿易はレント・シーキングの余地をできるだけ小さくすることができることを根拠としているが、この見解は非常に重要だといえよう。実際、有益な政府介入を明確に提示することは難しい。ときとして、いったん政府の介入が行われると過度になりやすく、その結果、堕落や社会的倫理の崩壊をもたらすかもしれない。その意味で、政府の持つ恣意性や政治的要因をできるだけ排除する方が望ましいという考えは、経験に基づく思慮深い賢明なものであろう。

3. グローバリゼーションの中で

　2008年のリーマンショックに端を発する世界不況に対して、先進各国は歩調を合わせて保護主義の台頭を回避しようとした。保護貿易政策は程度の差こそあれどの国でも常に存在し、不況や失業の増加などの経済的困難に直面するほど保護主義が台頭することは歴史が物語っている。自由貿易の理念を降ろすと、各国は今以上に保護貿易政策を導入することになるだろう。その意味で、世界が自由貿易の理念を掲げることは、通常いわれている以上に、実際には意義がある。

　現在は基本的にはグローバリゼーションの時代である。しかし、今回のサブプライム・ローン問題が引き起こした世界不況によって、グローバリゼーション、特に金融の自由化に対する批判が強まっている。もともと、経済学者の間でも、金融の自由化は貿易の自由化ほど支持されているわけではない。特に、自由な資本移動に対して、慎重な立場あるいは懐疑的な立場をとる論者は少なくない。自由貿易論者であるバグワティ（Bhagwati 1998）に代表さ

れるように、金融危機を資本移動と、特に流動性の高い短期資本の急激かつ巨額の流出入とを結び付けながら批判する意見は多い。歴史をみると、マネーゲームが世界を攪乱し混乱させた事例は少なくなく、キンドルバーガー (Kindleberger, C. P.) は、国際金融の歴史を振り返って、「金融危機は過去400年間においておおよそ10年間隔で発生してきた」(Kindleberger 1984 p. 269) と述べているように、金融危機は幾度となく発生している。リーマンショックや1997年のアジア通貨危機だけでなく、先進国では第二次世界大戦後に18の銀行危機（5大危機と13の危機）[16]が、新興国では金融危機や通貨危機が1994年のメキシコ、1998年のロシア、1999年のブラジル、2001年のトルコ、2002年のアルゼンチンで起こったように、金融危機はその深刻さや伝播の仕方には違いがあるが、発生している。

　この国際金融の問題のように、今日のグローバリゼーションが実際にうまく機能していない側面があることは確かであろう。グローバリゼーションには、当然リスクやコストを伴う。ましてや万能なものでもない。しかし、そうだからといって、グローバリゼーションを止めることが世界経済や各国経済にとって適切な選択であることが証明されるわけでもない。あくまでもグローバリゼーションとは異なる他の代替的なシステムの可能性を考慮することが、最低限必要とされることであろう。歴史をみると、実際に、先進国にしても途上国にしてもグローバリゼーションに抵抗して、単独で経済発展や経済成長を成し遂げた国があるだろうか。他の有効なシステムをみつけることができないならば、グローバリゼーションの潜在的な利益を現実のものにすることこそが肝要となってくる。問題はグローバリゼーション自体にあるのではなく、その進め方やそれに対する取り組み方にあるのではないだろうか。グローバリゼーションと、それに十分にうまく対応できていないことは、

16）　5大危機：スペイン（1977年）、ノルウエー（1987年）、フィンランド（1991年）、スウェーデン（1991年）、日本（1992年）。
　　13の銀行危機：イギリス（1974年、1991年、1995年）、ドイツ（1977年）、カナダ（1983年）、アメリカ（1984年）、アイスランド（1985年）、デンマーク（1987年）、ニュージーランド（1987年）、オーストラリア（1989年）、イタリア（1990年）、ギリシア（1991年）、フランス（1994年）（Reinhart and Rogoff 2008）。

別の問題であろう。

　ここで、グローバリゼーションについて考察するために、まず、世界の貿易および海外直接投資の推移を概観する。1980年と比べて2011年では、輸出が9.7倍、海外直接投資（フロー）に至っては32.8倍に伸びている。このように、今日、国際的に貿易や資本取引が活発になっていることから、確かにグローバリゼーションは進展している。しかし、より詳細にみると、ある特定の国や地域に国際取引が集中していることもわかる。2011年の世界の貿易額を地域別割合でみると、NAFTA、EU、東アジアの3地域で輸出の75.2％、輸入の76.8％を占めている。そして、日本、アメリカ、EUの輸出の79.3％がNAFTA、EU、東アジア向けであった。一方、2011年の直接投資受け入れ（フロー）状況をみると、先進国が49.1％、途上国が50.9％であったが、上位20カ国・地域で世界全体の74.9％を占めている。途上国の場合でも、中国、香港、シンガポール、ブラジル、インド、メキシコなど上位15カ国で途上国全体の70.0％を占めている。したがって、世界経済の全般的傾向として、グローバリゼーションの進展はみられるが、すべての国に一様に貿易や資本取引の増加が生じているわけではない。

　私たちが通常抱くグローバリゼーションの「地球一体化」のイメージとは異なり、現実には国際取引が特定の国や地域に集中していることがグローバリゼーションの実体だが、その理由は各国間に相違があるからである。国家間に何らかの違いがあるからこそ、貿易にしても、直接投資にしても短期資本移動にしても意味を持ってくる。グローバリゼーションが国境を相対化させたが、他方でそのグローバリゼーションが各国間の相違を顕在化させるという性格を持っている。だからこそ、企業や個人は国境を越えてより有利なところで生産を行ったり資産を運用したりする。そうだとすれば、グローバリゼーションがもたらすものは、国家の終焉でも後退でもなく、むしろ国家の役割が重要であるということではないだろうか[17]。

　グローバリゼーションに反対する論者は、「グローバリゼーションが各国間の不平等を引き起こした」と声を大きくする。グローバリゼーションと世界的な所得格差の拡大が同時進行的に生じているという理由で、所得格差の

原因をグローバリゼーションに求めるのはあまりにも危険であり、両者の相関関係だけでなく少なくとも因果関係をも検討しなければならない。所得格差拡大の原因が、グローバリゼーション自体にあるのか、グローバリゼーションにうまく適応できないことにあるのか、あるいはグローバリゼーションとは異なる道を歩んでいることにあるのか、様々な可能性を探ることも必要とされる。

　所得格差の拡大がみられるのは、グローバリゼーションに積極的に関わっている国と、世界経済からの孤立を選択した国との間であり、むしろグローバリゼーションに関わった国家間では所得格差は縮小していると考えられる[18]。このことは先に述べた貿易や直接投資の動向、つまりグローバリゼーションといわれるけれども、現実には国際取引が特定の国や地域に集中していることと深く関わっている。しかしながら、留意すべき点は、グローバリゼーションはあくまでも経済成長や経済発展のための1つのきっかけに過ぎず、経済を開放したから必ず経済発展を達成することができるわけではないということである。経済の開放を進めるだけでなく、より重要な点は、それと同時に広範な国内の制度改革を行うことであり、平たくいえば自助努力をすることであり、そのための環境を整備することであろう。ところが、途上国が自らの力のみで改革を行うことができるのか、という疑問は残る。おそらく、難しいであろう。そのことを解決するうえで大きな役割を担うことができるのが、直接投資ではないだろうか。

　ここで、途上国の経済成長と直接投資の関係について理論的に考察する際、内生的成長論が手がかりとなる。内生的成長論が明らかにしたことは、経済

---

17) 広い意味でいうと、その国のあり方が重要といえる。ここでいう国家の役割とは、政府が経済に直接介入するという意味ではなく、市場が有効に機能するような場を提供するということである。たとえば、インフラ、法律、教育や金融システムの整備などを挙げることができる。
18) このような立場をとる論者に、以下のものがある。代表的なものとして、Sachs and Warner (1995) があり、過去2世紀にわたって実証研究を行っているものとして、Lindert and Williamson (2003) がある。また、Caselli (2005) によると、各国間の所得水準の差の約60%が全要素生産性の差、つまり技術水準の差によって説明される。

成長の源泉が技術進歩にあるということである（Romer 1990）。そして、バロー（Barro, R. J.）とサラ-イ-マーティン（Sala-i-Martin, X.）(2006)の先進国と途上国の内生的成長モデルによると、途上国の技術進歩は先進国からの技術導入に依存するため、途上国は先進国の技術を導入することで経済成長を達成することができる。つまり、途上国にとって直接投資は先進国からの技術導入の重要な経路であるため、先進国の直接投資が途上国の経済成長を促進する可能性があるということになる。

　先進国の企業にとって直接投資は、「利潤」を追求する企業の合理的な行動のひとつであろう。途上国への直接投資は、基本的には、良質な低賃金労働を求めて、現地や近隣諸国の旺盛な需要や今後見込まれる需要の拡大を求めて行われることが多い。一方、途上国にとっても直接投資は極めて重要な意味を持つ。貯蓄不足や資本不足に悩む途上国にとって、直接投資を受け入れることは国内投資の増加となる。そして、そこで雇用が確保されるだけでなく、一般的に現地の水準より高い賃金が支払われる。さらに、貿易の場合より直接的なルートを通じて、資本財の中に体化された技術だけでなく、生産手法や経営手法、さらには労使関係のあり方などの技術や技能、知識が途上国に移転される。加えて、学習効果などを通じて様々な有形・無形の知識も蓄積されていく。その結果、効率や生産性は大きく向上する。また、貿易面でも、直接投資を行った企業は途上国の輸出に対して大きく貢献している。近年の中国などの経済発展に直接投資が果たした役割は非常に大きく、かつて一部の論者から「途上国を搾取する」と批判された外国資本は、今や多くの途上国で「成長のエンジン」として誘致の対象となっている。その際、途上国政府は様々な形の優遇策、たとえば税金の免除や外国為替面での優遇策、輸出加工区の設置などを行うことによって、直接投資を受け入れるための環境を整えようとする。

　このように考えると、途上国が国内産業を育成するために必要なことは、保護貿易政策を導入しレントを創出することではなく、直接投資受け入れのための環境を整備することであろう。途上国の経済発展を阻害してきた様々な要因をできる限り取り除き、経済発展のための制度改革を促すためにイン

センティブ・システムとして、直接投資を活用することである。そして実際に直接投資が行われるならば、それが経済発展を促すレントの役割を担い、さらに学習レントとして機能するのではないだろうか。つまり、インセンティブ・システムとして直接投資を活用することで、途上国の経済発展につながるような制度をうまく構築していくことができるのではないだろうか。

4. おわりに

　レントやレント・シーキングに積極的な意味を持たせることは危険であろう。レントの意義を過度に重視すれば、かえって世界経済の成長を蝕むような否定的要因を内包する保護主義が台頭することになろう。自由貿易の重要性をクルーグマン (Krugman, P. R.) は次のように述べている。
　　「有益な介入を明確に示すことが困難なことについての経済学的な慎重さと介入主義は堕落するかもしれないという政治経済学的な懸念が結び付いて、自由貿易のための新たな主張を作り出す。これは、市場が効率的であるから自由貿易は最適であるという古い議論ではない。そうではなくて、政治が市場と同じように不完全な世界における経験則として、自由貿易を支持する苦労人の議論なのである」(Krugman 1987 p. 143)
　世界が決して保護主義に陥るのではなく自由貿易を堅持することが、途上国の経済発展にとっても重要な要件となる。途上国は経済発展のための基盤が十分でないため、先進国から、たとえば資本財や資金などの資本を調達し、その過程の中に直接投資を取り込み技術・技能を向上させながら生産を行い、そして国内市場の制約から先進国向け輸出を行っていかなければならない。真に途上国のことを考えるなら、先進国は途上国が比較優位を持つ財（言い換えると先進国が比較劣位となる財）、たとえば、農産品、繊維製品や玩具などに対する関税や輸入数量制限などの保護貿易政策をできる限り廃止し、途上国が自由貿易の利益を享受できるように門戸を開くことが求められる。
　私たちは自由貿易の恩恵をもっと強く認識すべきであろう。そして、その認識を皆が持つことが世界経済や各国経済の発展につながっていくことにな

るだろう。

■参考文献■

Alston, R. M., Kearl, J. R. and Vaughan, M. B. (1992). "Is There a Consensus Among Economists in the 1990's?" *The American Economic Review* **82**(2): 203-209.

バロー、R. J.、サラ-イ-マーティン、X.、大住圭介訳（2006）『内生的経済成長論Ⅰ・Ⅱ（第2版）』九州大学出版会。（Barro, R. J. and Sala-i-Martin, X. *Economic Growth*, 2nd ed. Cambridge: MIT Press, 2004）

バグワティ、J.、北村行伸・妹尾美起訳（2004）『自由貿易への道』ダイヤモンド社。（Bhagwati, J. *Free Trade Today*. Princeton: Princeton University Press, 2002）

Bhagwati, J. N. (1982). "Directly Unproductive, Profit-seeking (DUP) Activities." *The Journal of Political Economy* **90**(5): 988-1002.

—— (1998). "The Capital Myth: The Difference between Trade in Widgets and Dollars." *Foreign Affairs* **77**(3): 7-12.

Caselli, F. (2005). "Accounting for Cross-Country Income Differences." in Aghion, P. and Durlauf, S. N. eds. *Handbook of Economic Growth 1A*. Amsterdam: Elsevier, pp. 679-741.

Coughlin, C. C. (2002). "The Controversy Over Free Trade: The Gap Between Economists and the General Public." *Federal Reserve Bank of St. Louis Review* **84**(1): 1-21.

伊藤元重・清野一治・奥野正寛・鈴村興太郎（1988）『産業政策の経済分析』東京大学出版会。

カーン、M. H.、ジョモ、K. S. 編、中村文隆・武田巧・堀金由美監訳（2007）『レント、レント・シーキング、経済開発―新しい政治経済学の視点から』人間の科学新社。（Kahn, M. H. and Jomo, K. S. eds. *Rents, Rent-seeking and Economic Development: Theory and Evidence in Asia*. Cambridge: Cambridge University Press, 2000）

Kindleberger, C. P. (1984). *A Financial History of Western Europe*. London: Allen & Unwin.

Krueger, A. O. (1974). "The Political Economy of the Rent-Seeking Society."

The American Economic Review **64**(3): 291-303.

Krugman, P. R. (1987). "Is Free Trade Passé?" *The Journal of Economic Perspectives* **1**(2): 131-144.

Lindert, P. H. and Williamson, J. G. (2003). "Does Globalization Make the World More Unequal?" in Bordo, M. D., Taylor, A. M. and Williamson, J. G. eds. *Globalization in Historical Perspective*. Chicago: University of Chicago Press, pp. 227-275.

三輪芳朗・ラムザイヤー、J. M.(2002)『産業政策論の誤解―高度成長の真実』東洋経済新報社。

オルソン、M.、依田博・森脇俊雅訳(1983)『集合行為論―公共財と集団理論』ミネルヴァ書房。(Olson, M. *The Logic of Collective Action: Public Goods and the Theory of Groups*. Cambridge: Harvard University Press, 1965)

Reinhart, C. M. and Rogoff, K. S. (2008). "Is the 2007 US Sub-prime Financial Crisis So Different? An International Historical Comparison." *American Economic Review* **98**(2): 339-344.

Romer, P. M. (1990). "Endogenous Technological Change." *The Journal of Political Economy* **98**(5): 71-102.

Sachs, J. D. and Warner, A. (1995). "Economic Reform and the Process of Global Integration." *Brookings Papers on Economic Activity* **1**: 1-118.

スティグリッツ、J. E.、ウォルシュ、C. E.、藪下史郎・秋山太郎・蟻川靖浩・大阿久博・木立力・清野一浩・宮田亮訳(2006)『スティグリッツ・ミクロ経済学(第3版)』東洋経済新報社。(Stiglitz, J. E. and Walsh, C. E. *Economics*, 3rd ed. New York: W. W. Norton, 2002)

Tullock, G. (1967). "The Welfare Costs of Tariffs, Monopolies, and Theft." *Western Economic Journal* **5**(3): 224-232.

■ WEBSITE ■

PIPA (2000). *Americans on Globalization: A Study of US Public Attitudes: Questionnaire and Results*.
http://www.pipa.org/OnlineReports/Globalization/AmericansGlobalization_Mar00/AmericansGlobalization_Mar00_quaire.pdf

第4章

学習レントと低開発諸国の経済開発

1. 経済発展と「生産し続けること」と学習

　経済発展モデルにおいてスミス（Adam Smith）の果たした貢献は大きい。そのモデルにおいては、生産過程に分業が導入にされることによって、生産性は向上する。生産性の向上が分業導入の推進条件を整備し、さらなる分業が可能となり、循環的拡大が累積的にもたらされる[1]。なぜ、分業が生産性の向上に寄与するかは、技巧の向上、時間の節約、発明の推進といった点から説明できる。

　このモデルは、「生産の継続が、学習を通じて、技巧の向上をもたらし、生産性を向上させる」という学習モデルを派生させた（Arrow 1962）。この学習モデルは、特に、生産の継続に重点をおいている。

　　　生産の継続　→　生産性の向上 ……………………………………(1)

(1)の自然法則を根底にすえ、スミスは、生産の継続の動因に分業を配置した。つまり、(2)を想定している。

　　　X　→　生産の継続　→　生産性の向上 …………………………(2)
　　　　（スミスは ボックス の中のXに分業をすえる）

---

1) 本章の補足Iを参照。

ここでのテーマは、低開発諸国（Less Developed Countries：LDCs）の経済発展である。低開発諸国の事例においては、(1) が成立するためは、低開発（たとえば、市場メカニズムの不完全性[2]などの特性を有する）ゆえに、いくつかの政策介入措置が必要になる。今、低開発諸国の事例を想定しているために、そのような政府による産業育成政策であっても、対外的に大きな批判や報復措置もなく大方許容される。なぜならば、このような事例に該当する経済は、小国の仮説（世界経済に与える影響が無視できるほど小さい）が成立すると考えられているからである。

　このために、今、Xの分業の代わりに、Xのボックスに学習レントを入れたとしても、その学習レントの政策措置は国外的には許容される。そうなると、問題は「学習レントが国内的に許容され、成果（経済発展）を上げることができるか」に関わることになる。ここで、(2) は次のように書き換えられる。

　　　学習レント　→　生産の継続　→　生産性の向上 ……………… (3)

　この章のテーマである「学習レントと経済発展」は (3) を中心に検討される。

　この学習レントは、次節で、レントの形態とレント・シーキング行動とを併せて検討する。そのことは、後で論じる学習レントの問題の整理に有益である。第3節では、レントと経済成長の関連を整理し、この学習レントの意義と問題点を論議する。第4節において、学習レントに関わる問題点をできるだけ回避して成果を得る新しい方法を考える。その結論に関わる論議を前もって示すと、Xのボックスに直接投資を入れ、(4) で示す連結が有効性を発揮することを明らかにし、問題点を議論する。

　　　直接投資（特にOEM）　→　生産の継続　→　生産性の向上 …… (4)

---

[2] LDCsの資本市場にとって、特に、リスクをカバーする保険などの市場の欠落が大きく、資本の動員が効率的にできずに開発の阻害要因になる。

同時に、ある形態を伴った投資（特にOEM）を、ある条件の下で機能させたとしても、それを学習レントの範疇に入れる是非も検討する。

2. レント

(1) レントの形態

ここでは、レント（rent）を通常の競争市場では成立しない超過利潤と定義する。そのレントは、開発の動態的な視座からは、成長促進的（growth-promoting）レントと成長阻害的（growth-retarding）レントとして区分できる。この成長促進的なレントの典型的なものが、学習レントである。

さらに、市場重視の静態的な立場からは、レントの形態を効率性に基準をおいて、効率的レント（自然なレント創出）か非効率的なレント（人為的なレント創出）に区分できる。このように、レントは、そのレント形態によって多様な機能を持ち得ることから、「1つのレントの性格をもってレント形態の異なる他のレントを推測すべきでない」（カーン、ジョモ 2007 p.91）との指摘がなされている。この章においては、低開発諸国の経済開発を考えているので、「効率性の追求は必ずしも開発に連動しない」という立場をとる。その立場から、戦略的な資源の優遇措置（多くの場合、非効率的なレントの創出）が動態的なダイナミズムを生み出す可能性を前提にして論を展開する。

(2) レント・シーキングの行動

経済主体がレントを求めて追求する行動を、レント・シーキング（rent-seeking）行動と規定する。今、そのレント・シーキング行動を、概念的に、始発させる主体をレント・シーカー（rent-seeker）とし、そのレント・シーカーの要望に応えてレントを設ける主体をレント・セッター（rent-setter）とすると、レント・シーキング行動は表4-1で示す4つのタイプに区分できる。これはレント・シーカーが、民間部門か、政府部門かによって2つに区分できる。また、レント・セッターが、民間部門か、政府部門かによって2つに区分できる。その結果、レント・シーキング行動は4つに区分できる。

表 4-1　レント・シーキング行動の区分

ケース	レント・シーカー		レント・セッター
Ⅰ	民間部門	→	政府部門
Ⅱ	政府部門	→	民間部門
Ⅲ	政府部門	→	政府部門
Ⅳ	民間部門	→	民間部門*

表中の矢印記号（→）は、レント・シーカーから、レント・セッターにレント創出の働き掛けをすることを示す。
＊この民間部門は、他のレント・セッターの役割とは異なる。この場合、レント・セッターとレント・シーカーとは「特定な利害のやり取りをするという」直接な関係でなく、市場を通じた間接的な関係である。

　これらのレント・シーキング行動の特性に応じて、レントは類型化できる。Ⅰのケースをレント創出（rent creation）、Ⅱのケースをレント抽出（rent extraction）、Ⅲのケースをレント占有（rent seizing）、Ⅳのケースをレント競争（rent competition）と規定できる。それらレント・シーキングの形態の具体的な事例を以下に示すことができる。

① 　レント創出（rent creation）
　民間アクターが政治家や官僚に賄賂などを渡し、レントの創出を求めてなされる。その事例が関税や数量制限措置である。レント創出には、「飛ばしによるレント創出」（補足Ⅱを参照）が多く認められるので、経済構造によっては、ある政策措置が思いもかけない経済分野や領域にレントを作り出すことがある。

② 　レント抽出（rent extraction）
　政治家や官僚が、民間アクターに費用負担を強いるような規制をちらつか

3）　その天下りが行政のポストとして固定化すると、そのレント創出は、「飛ばしによるレント」を意図したもので、レント抽出が慣行になる。そのレント抽出が、短期で、非習慣的であっても、その抽出比率が大きいと、民間部門によるレントの残留分が縮小し、学習レントとして機能しない。

せ、民間部門に与えたレントの一部を回収するか、あるいは、許認可の権限を背景に天下りする事例である[3]。

③ レント占有（rent seizing）[4]
レント・シーキングの第3の形態であり、それは政府内のある組織が入手したレントの配分権を政治家が求めることである。

④ レント競争（rent competition）
ある市場において、特別な価値ある技術や情報、財の入手に資源や時間を要する場合、民間アクター（企業）はその市場を所与として、レントを入手すべく競争をする。この企業は他の企業をレント・セッターとしてレント・シーキングをするが、この企業は競争市場におけるレント（プロフィット）を追求するので、プロフィット・シーキング行動といえる。この代表的な事例は、シュンペーター・レントである。

今、私たちが開発戦略との関わりからレント政策を検討する場合、次のことが検討されねばならない。どの範疇のレント・シーキングが採用されるのか、そのレント・シーキングの下で、どのレントを創出するのか。つまり、LDCsの開発政策としてのレント設計の問題である。その際、次のような点に考慮を払うべきである。開発である以上、経済にダイナミズムを作り出す仕掛けを作ることが必須である。上に示したシュンペーター（Schumpeter, J. A.）の革新は、まさに、経済にダイナミズムを生み出す。この革新によるダイナ

---

4) レント占有（rent seizing）は、ロス（Ross, M. L.）のテクニカル・タームで、「政府内のある組織が入手したレントの配分権を、公人が求めること」（ロス 2012 p.33）である。このように定義すると、レント・シーキングとレント占有との相違点は3つある。①レント・シーカーはレントを求める。レント占有者は他人にレントを配分する権利を求める。したがって、レント占有する政治家をそのレント供給者とみなすことができる。②レント占有はその占有者が立法に携わり、自分に都合のいいように国家の制度を変更できるので、制度毀損に手を貸す。③レント占有は国家資産をパトロネージに転用するので、非生産的である（Ross 2001 pp.36-37, pp.53-54）。

ミズムの創出は、市場メカニズムを所与としたレント競争である。しかし、低開発諸国では、先進諸国におけるような市場を想定できないし、シュンペーターの「動学的世界にいる企業家」の存在が限られている。そうなると、シュンペーター・レント以外の成長促進的レントをどのように設計するのかを、次に検討する。

3. レントによる経済成長

(1) 学習レント

　LDCs は「後発性の利益」を享受し、先発国にキャッチアップできる。その大きな利益は、生産性の向上を「革新：イノベーション (innovation)」でなく「学習 (learning by doing)」によって達成できることにある。学習は「単に、既存技術の模倣のみならず、受け入れ国の状況、利用可能な資本ストック、諸制度などへの適応を実際的に含む」(カーン、ジョモ 2007 p.68) ものである。

　もし、この学習効果を前もって期待できるとすれば、その生産を担う企業に、事前的に、補助金（一種の超過利潤）を与え、「既存技術」の模倣を可能にし、それを「投資に体化 (embodied) させる」ことは意味を持つ。政府は、それと同時に、生産活動がスムーズになされるような「政策ならび制度構築」を配置すれば、なおのこと、学習効果が期待できよう。その結果、企業の財の生産活動は、図4-1で示すように、限界費用曲線が学習効果によって S_1 から S_2 に下方にシフトすることになる。その状況が実現できたならば、学習レントは意図した成果を得たといえる。このレントは、企業に学習を加速させるための「条件付き補助金 (conditional subsidies)」といえる。私たちは、それを、学習のための条件付きレントであるので学習レントと呼ぼう (カーン、ジョモ 2007 p.69)[5]。

---

[5] この学習レントを金融部門に適用した概念に「金融抑制 (financial restraint)」がある。政府が金融機関に低金利で預金させ、それを高金利で貸し出し、金融機関に（金利差相当分の）残留所得（レント）を創出することである。金融機関はレントの維持のために、モニタリングと学習に励み、資金供給曲線を右にシフトさせることができる。

価格（P）

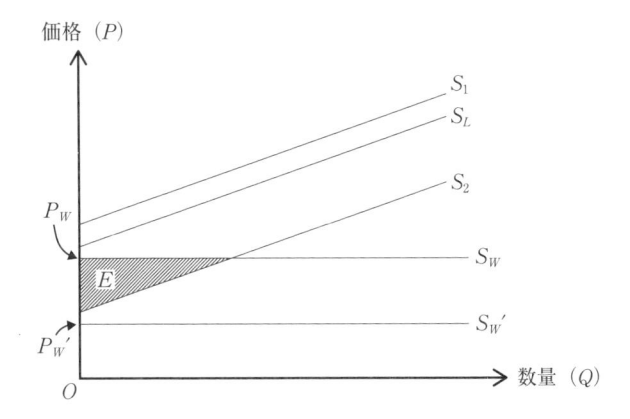

横軸に数量（Q）を、縦軸に価格（P）を、それぞれとる。この国の需要量ならび供給量が、どれほど変化しても、世界の価格（P_W）に影響を与えないほど、相対的には少量である。そのために、世界の供給曲線（S_W）は、価格（P_W）のもと、OQ軸に平行である。その意味で、この国は、小国である。それゆえにこそ、産業保護政策が許容されている。

図4-1　学習レントによる供給曲線の下方シフト

　この学習レントによる供給曲線の下方へのシフトは、シュンペーターのイノベーションによる効果と類似する。その意味で、模倣はLDCsにとっては、イノベーションといえるので、学習は実質的な革新を伴い得るものである。もちろん、レントの発生はシュンペーターの革新の場合は、事後的であり、学習効果の場合は事前的である。そのうえ、目的にそった学習レントの適切な使用をモニターする費用ならびに学習それ自体の効果の不確実性などを考慮すれば、大きな差異があることとなる[6]（この問題は次の節で詳細に論議する）。

　しかし、シュンペーターのイノベーションの一部は、実際上は、学習レントと類似する。先進諸国でも多くみられるように、シュンペーターの5つの革新を遂行させるべきR&Dの段階で事前的に条件付き補助金（税額控除などを含む）を付与する場合、さらに、日米経済摩擦が緊張した時期、スーパー

---

[6] 事前と事後の差は、次の意味を内包する。つまり、研究開発の潜在的な能力が欠落しているので、LDCsは、先進諸国の技術の棚を前提としなければならない。

301で日本の市場を政府的圧力で開放させるといった措置（関税や数量制限措置と類似する）を設ける場合、事後と事前との区分が曖昧になる。この場合、レントからみると、シュンペーター的政策の革新は学習レントに相当する[7]。

　学習レントが、図4-1で示すように、なぜ、供給曲線を下方にシフトさせるのか。この理由のすべてが「後発性の利益」と「学習」で説明できるわけではない。それゆえに、これが、レント理論を内在化した開発政策を作成するうえで、大きな問題になる。しかし、その「学習」の本質論は議論せずX効率のごとくブラック・ボックスに押し込めたまま、レント・テイカー[8]が圧力と誘因を強く受ければ受けるほど、時間の経過（生産活動の継続）につれて生産効率を高めることができると想定してきた。この想定を「学習レントのブラック・ボックス仮説」と呼ぼう。しかし、この仮説に関わる論議を回避するのは、学習レントの有効性を議論するうえでは、フェアでないし、学習レントにいわれなき毀誉褒貶を与えることにもなる。そこで、次にこの問題を論議する。

(2) 学習レントとモニタリング

　学習レントは、条件付き補助金である以上、補助金が条件の下で用いられていなければならない。そうすれば、学習レントは、当初、期待した効果を事後的には発揮できるかもしれない。しかし、前節で論議したように、レント・シーキングによってレント創出がなされる場合が多いために、その補助金の一部はレント・シーキング費用に充てられたり、レント維持費用に回されるかもしれない。政府は、補助金の供与と引き換えに、レント抽出によっ

---

[7] シュンペーターの革新は、①新しい財貨の導入によって生じる場合、②新しい生産方法の導入の結果生じる場合、③新しい市場の開拓によって生じる場合、④原材料の新しい生産方法の導入の結果生じる場合、⑤産業組織の変化の結果生じ得る場合に、それぞれ該当する。いま、レントからみると、研究開発（R&D）への投資が税額控除の対象になっていたり、研究開発組合への補助金が供与されていたりすると、シュンペーター的レントは、学習レントと独占レントに分解できる。シュンペーターの革新の①と③と⑤は、独占レントであり、②と④は学習レントに相当する。

[8] レント・テイカー（rent-taker）とレント・シーカーとは、多くの場合、同一の主体であるが、レント占有の場合は異なる。

て、その補助金の一部を入手しようとするかもしれない。あるいは、政治家がレント占有によってレントを配分するかもしれない。そのような状況にあればあるほど、これらの学習レント（条件付き補助金）の流出を回避するために、モニタリングが必要になる。もし、そのレントが本来の課題と関係なく流用されたり、当初の予想とは異なり、学習効果が期待できないならば、そのレントの配分を中止すべきである。この判断をモニタリングが担うことができる。

　もちろん、そのような危うい状況を想定しなくても、政府がプリンシパル（principal）で、企業がエージェント（agent）になる関係である以上、レント・シーキング活動の過程において、それぞれの利害が一致するとは限らない。両者の目的関数を一致させ、最大化させるためにも、事後的にチェックするのでなく、企業の生産活動において、できるだけ、自動的かつ連続的なチェックが必要になる。そうすることによって、状況に応じた対応が可能になり、さらなる追加的な補助措置も適切になされる可能性が高まる。

　その重要な役割（学習レントによる産業化の成否に関わる役割）を持つモニタリングは、どのように設計し、どのような機関がその任に当たるのか。ミュルダール（Myrdal, G.）のソフト・ステイト（つまり、腐敗が伝統的社会の制度と態度に深く根ざしているような国）では、政府ならび国家機関にその多くを期待できない。学習レントが機能するためのモニタリングの最低限の3条件は、客観性（非裁量性）、数量化（対外的な機関の公開する数値と比較可能な数量化）と、透明性（モニタリング過程をも含む公開性）である。特に、レント・シーキングの中で学習レントが裁量的に創出されたとしても、その学習レントが目的や課題を生産過程で適切に満たしているかは、その3条件から判断されるべきである。腐敗とレント[9]とが同じ範疇でみられるのは、この条件を放棄したときである。それが維持できないと、「レントがレントを作り出す」社会が生まれることになるかもしれない

　基本的には、学習レントが創出され、モニタリングが有効に機能する限り、

9）　レントと汚職の関連については堀金（2010）参照。

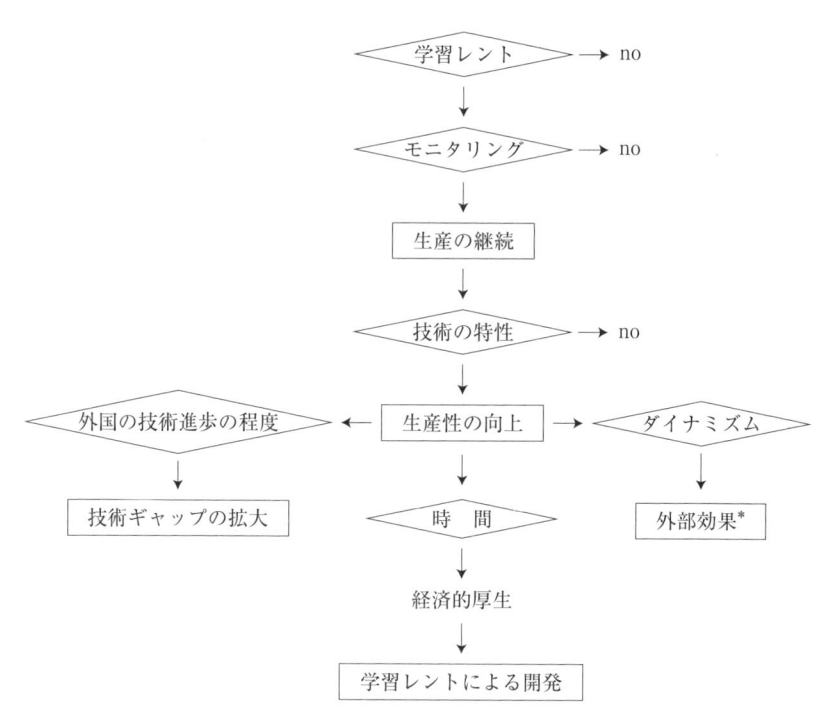

```
        ┌─◇学習レント◇──→ no
        ↓
        ◇モニタリング◇──→ no
        ↓
        │生産の継続│
        ↓
        ◇技術の特性◇──→ no
        ↓
◇外国の技術進歩の程度◇←─│生産性の向上│─→◇ダイナミズム◇
        ↓                    ↓              ↓
    │技術ギャップの拡大│    ◇時 間◇      │外部効果*│
                             ↓
                          │経済的厚生│
                             ↓
                       │学習レントによる開発│
```

＊外部効果は、技術的外部効果ならび金銭的外部効果からなる（参照：絵所 1997 pp. 25-29）。

図4-2　学習レントとその帰結

図4-2で示すように、生産の継続が可能となる。生産の継続が可能となると学習効果が発揮されるはずである。そのためには、その「生産の継続」と「効果」との間には、先に議論したように、(2)が成立するという「学習レントのブラック・ボックス仮説」がある。私たちは、ここで、その「ブラック・ボックス仮説」を次に問題にする。

(3) 学習レントと技術の特性

　モニタリングが適切に機能したとしても、学習レントの対象産業の供給曲線が下方にシフトする範囲に限りがある場合がある（戸堂 2008 pp. 48-52、Young 1991）。つまり、生産の経験がいくら継続したとしても、財の生産に

おいて、生産性の向上がみられないかもしれない。たとえば、シャベルで穴を掘る深さと時間をみてみると一定期間成果を上げられるであろうが、そこには上限があるであろう。

レニス（Ranis, G.）とフェイ（Fei, J. C. H.）によれば、資本・労働比率が低い財の生産の生産関数は、高い財の生産に比べ、時間の経過における生産性のシフトがわずかであることを想定している（Ranis and Fei 1972）。これを図4-1において示すと、レニスとフェイが想定した労働比率の高い財の生産関数は S_1 から S_L にしかシフトせず、たとえ、生産が継続されても、下限の S_L に張り付くだけである。

このような状況を回避するためには、生産の継続につれて、供給曲線が下方に弾力的な特性を持つ財を選択する必要がある。しかし、生産する財の選択は、この特性だけから選択できない。生産の場は、要素賦存比率、インフラ、資本による制約が強いので、レニスとフェイの示唆するように、資本・労働比率の高い技術を選択できないとすれば、その限られた範囲の中で、下方弾力的な財を選択せざるを得ない場合もあり得る。

（4）学習レントと時間

学習レントによる社会的費用の合計（C）は、年当たりの補助金の大きさを H、その保護の期間を N 年とすれば、$C=NH$ となる。図4-1で示すように、学習レントによる社会的便益（B）は、産業を保護した結果、世界価格（P_W）とシフトした供給曲線によって囲まれた生産者余剰（斜線部分の三角形 E）で示すことができる。今、単純化して、供給曲線は N 年の時間の経過で非連続的にシフトし、その N 年時点からはじめて生産者余剰を生み出し、なお、その生産者余剰の大きさは時間の経過にもかかわらず、一定としよう。そうすると、社会的費用の回収年数は NH/E である。

私たちは、NH/E の数値をどのように考えるべきであろうか。その数値が小さいならば、短期間でキャッチアップができていたことを意味する。その一方、その数値が大き過ぎれば、純経済的厚生がプラスになるまで、長期間を要することを意味する。その期間内に、その財が陳腐化すれば、その生

産によって得られていた生産者余剰は急激に減少する。また、その保護のために費やされた資源（費用）の機会費用は大きくなり、社会的厚生は、マイナスになる。学習レントによる産業化は失敗する。

(5) 学習レントと外国技術の進歩の程度

学習レントの前提は、外国の供給曲線が、暫くの期間は、不動であるとする。学習レントはその外国の供給曲線にキャッチアップするための措置であった。今、産業保護の期間に、時間を要し学習を積んで、外国の技術水準に達したとしても、外国の供給曲線が、図4-1で示すように、S_W から S_W' へと下方にシフトすると、学習のための社会的便益は社会的費用を上回ることができない。

つまり、世界の企業間の競争的な状況を考えるならば、LDCsの企業が先進諸国の企業の技術水準にキャッチアップするまで一定と考えるほうが、不自然な仮定である。この場合、国内の S_2 へのキャッチアップでは、P_W' に届かず不十分となり、この学習レントによる産業化は失敗する。

(6) 学習レントとダイナミズム

ある産業への学習レントによる成果が得られたとすれば、その産業は、外貨制約を受けることなく、自国に財の供給をすることができるようになる。その結果、ハーシュマン（Hirshman, A.）の指摘するように、前方連関効果および後方連関効果を引き起こす産業の設立（外部効果）の可能性が出てくる。この可能性は自立的な不均衡発展の経路の形成に寄与することも考えられる。もちろん、学習レントはこのダイナミズムを直接的には想定してはいないが、経済発展の持つダイナミズムのための学習レントである以上、この問題を検討すべきであろう。

特に、学習効果によって連関効果の乏しい財の生産（たとえば、シャベルでの掘削）が可能になっても、外部効果の乏しい1つの作業に携わり生産し続けていると、スミスの問題が生じる。「……特定な手仕事におけるかれの技巧は、その知的な、社会的な、また武人にふさわしい徳性を犠牲にしてえら

れた……（分業は）……さまざまな困難を取り除くための臨機の処置を見つけ出すために、自分の理解力を発揮したり、またみずから工夫して考え出したものを実行にうつす機会をまったくもたない。だから、かれは自然にそうした努力を払う習慣を失い、およそ人間としてなりさがりうるかぎりでの馬鹿ものにもなり、無知にもなる。」（ロビンズ 1971 pp.90-91）

　この犠牲を補って余りある外部効果が生まれることを、学習レントに求めることは、当然である。しかし、この要求には、今まで論議してきた学習レントの枠組だけでは対応できない。

4.　学習レント設計

(1)　新しい学習レントの創出

　学習レントが事前的に設定した目標を現実のものとするには、今、みてきたように、①モニタリング、②学習レントの対象となる産業の技術の特性、③時間、④外国技術の生産曲線のシフトの大きさと速さ、⑤ダイナミズムという条件をクリアーすることが不可欠であった。

　私たちは、ここで、これらの条件を一括してクリアーするものとして、直接投資のOEM（相手先ブランド生産：Original Equipment Manufacturing）を考えることができる。OEMとは、海外企業のブランドを用いて販売される製品の一部を生産することである。LDCsが、学習レントの代替として、OEMに生産の始動ならび生産継続の役割を任せられるかもしれない。もし、そうであれば、そのような性質を持つOEMを広義の学習レントを見なし、それとの関連から、今まで論議してきた学習レントを狭義の学習レントと呼ぶことができよう。

　今日のグローバル化の進展に伴い、国際的なインフラ（通信、運輸、保険、金融、紛議調停などの制度）が整備され、その利用上の費用が安価になった。これによってLDCsは、自国からの製品の国際展開が、今までよりも、速くかつ容易になった。また、先進諸国にとっては、製造業のコストの高い工程（多くの場合、労働集約的な工程）の生産を、安価なLDCsへシフトさせようという

潮流がある。このようなLDCsと先進諸国間の意向が一致し、それらを受けて、今日、OEM関連の輸出入額は世界的規模で拡大している。

　LDCsの産業は、OEMを活用して、まず、何を生産するかを相手企業に任せ、ブランド製品に体化（embodied）された技術の習得に専念できる。OEM企業は国際市場において利潤を追求しているので、時間の節約をする。その一方で、LDCsの受け入れ企業は、その財の先進国のブランド製品を生産できるので、供与された技術の向上を自らが担うことになる。このOEMによる生産の継続は、それ自体、国際貿易のシステムに組み込まれ、前方ならび後方の連関効果を生み出す可能性は大きく、現実としても、その姿は集積として東アジアに散見できる。そこで、Xボックスの中の学習レントをOEMに置き換える。

　　　　直接投資（特にOEM）　→　生産の継続　→　生産性の向上 ……(4)

　このように、OEMに転換した場合の枠組みは、図4-3で示すように、モニタリングの機能を活用することが前提になっている。その意味では、OEMは、学習レントだけに頼っていた姿を大きく修正することになる。つ

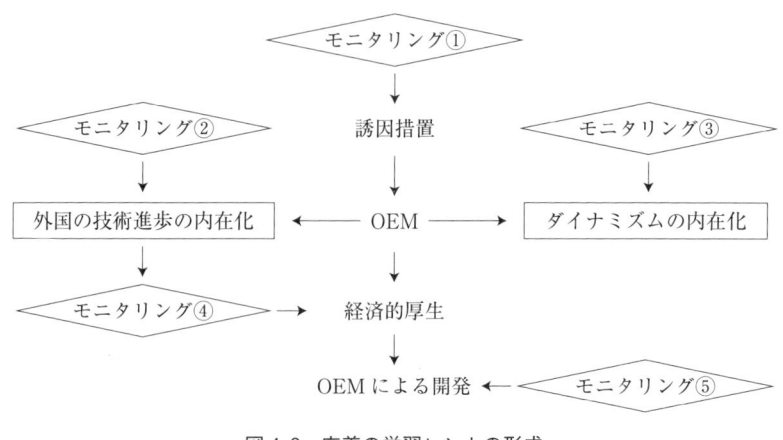

図4-3　広義の学習レントの形成

まり、そのOEMは、図4-3で示すように、それぞれの段階でのモニタリングを受け修正される。しかも、その修正OEMがLDCsの生産の継続を保証するならば、それは広義の学習レントと称することができよう。

(2) 新しい学習レントの問題

このOEMに学習レントの役割を与えることにも、大きな問題がある。まず、①LDCsにとっては、生産拠点を呼び込むためには、次の基本的なことを必要する。国家として、外資法・外為法、労働法、訴訟法などの法整備を整えることが必要になる。そのうえ、国際法や国際慣行の遵守ならび公正な運用は、グローバル化の中で、外国企業を誘致する以上、不可欠である。これらの最小限のインフラ整備は、経済発展のいずれのレベルであっても、工業化を目指すうえで、国家がやるべき基本的なことである。この整備と施行を機能的にLDCsができるか。

②OEMの誘致にとって、重要なのは労働費用の低さにある。しかし、労働の費用が低いとしても、労働の生産効率が悪ければ、実質的に、かえって高くなる場合も起こり得る。この状況では、労働コストの安価さは外国企業にとって進出するインセンティブにならない。OEMにとって必要な適格な労働者を、誰が、いかにして、養成するのか。

③外国企業が進出したとしても、労働の質の向上を目指してオン・ザ・ジョブ・トレーニングを必要とするならば、その費用を上乗せしなくてはならない。外国企業は、その分、進出先の政府に、どれほどの代替的な措置（進出企業の収益に影響を与える措置、たとえば、税制や補助金、あるいは公害防止費用の軽減など）を求めることになるのか。進出しようとする外国企業がLDCsの政治家に働きかけ、規制（たとえば公害防止）の緩和を求めることはよく散見できる（ロスのレント・シージングを参照）。

まず、①の問題はOEMのためというより、LDCsが国際社会の中で生存するための基本的な要件と見なすことができる。②の問題は、①と同じく、労働者の勤労規律の問題であり、義務教育と重複するところが大である。この両者の整備は、第一義的には、国家の役割であって、OEMを誘致するた

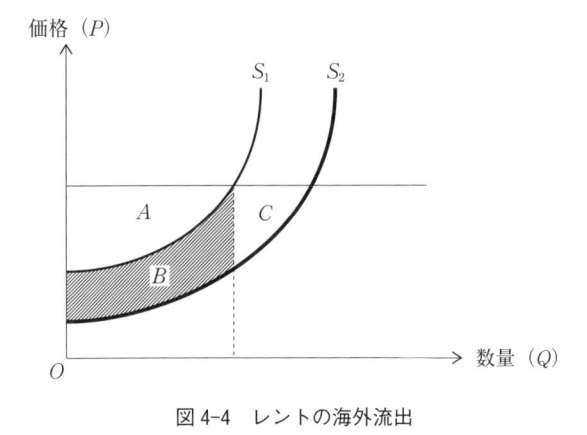

めのものでない。

③の問題は、レントの海外流出に関わる。図4-4において、誘致しようとする外国のOEM企業（X）の供給曲線がS_1である。いま、法律によって公害防止投資を軽減させると、S_2に下方にシフトできるとしよう。企業Xは、そのために斜線の部分の超過利潤を新たにレントとして受け取ることができる。このレント（B）は海外に流出するかもしれない。

図4-4　レントの海外流出

そのために、図4-3で示すように、モニタリング①が不可欠になる。

1970年代、LDCsの要素賦存比率に合う技術の移転が理論上なされるべきであるといわれたが、ダイナミズムの視点に立つと、結論には至っていない。モニタリング②ならび③はLDCsの技術との関連からなされるべきである。LDCsは、OEMの経済活動から便益を受けるが、負の便益（たとえば、典型的なのが公害など）にも見舞われる恐れがある。モニタリング④は、単に、ネットの便益だけでなく、時間の経過につれて、便益がどのような展開を示すかをも問題にすべきである。OEMの学習効果の成果の判断（モニタリング⑤）は、やはり、その経済の生産性の向上に寄与したかどうかによるべきである。

このように、修正OEMはモニタリングに過度な負担を強いることを意味する[10]。それと同時に、進出企業は、市場メカニズムに基づいて判断するので、モニタリングによる介入はOEMにはうるさがられ、そのような要求をする国を回避するかもしれない。その一方で、国家独占的な企業（たとえば、

---

10) LDCsのレントをモニタリングする負担の軽減について、市場メカニズムを用いる方法、国家の介入メカニズムを用いる方法、共同体の信頼メカニズムを用いる方法を提示する（中村 2012）。

中国の国営企業）は生産の運行に自国の政府の意向を最優先させるので、LDCs の企業にとっては信頼の構築ができない。

5. 広義の学習レントの場の拡大

　工業化には、資本、土地、労働という生産の3要素が不可欠である。それに加えて、「生産し続けること」という第4の生産要素が、それらに劣らず重要であり、その生産要素は学習レントによって「場」を与えられ機能すると考えられる。そこで、本章は LDCs が工業化の始動に学習レントを政策手段として用いることの可能性を議論した。この議論を通し、成長促進的レントであってもそのレントの有効性を発揮する条件整備がかなり難しいことを示した。国際市場における競争の中で、LDCs が用いる政策的措置としての「狭義の学習レントの有効性」は次第に狭まりつつあるというのが実情であろう。

　国際的な枠組みにおいて、資本と技術が入手しづらい1970年以前の世界をステージⅠ、技術だけが入手しづらい1970年～1980年代半ばまでの世界をステージⅡ、資本も技術も入手しやすくなった1980年代後半以降の世界をステージⅢ、そして、国際的な市場のアクセスや国際的なインフラの利用がしやすくなった今日の世界をステージⅣとすると、狭義の学習レントが成長促進的レントの本領を発揮できるのは、ステージⅠの世界である。そのステージⅠにおいても、狭義の学習レントは、産業のダイナミズムを形成するうえで、特に、問題があることを示した。

　タイをはじめとする諸国において、繊維産業から産業の高度化を図るために、企業は労働者のオン・ザ・ジョブ・トレーニングを展開したが、その労働者が他企業に引き抜かれ、その企業はトレーニングの費用を回収できなかった。いわゆる、フリー・ライダー問題の発生である。この状況において、新規の産業の必要とする適格労働者が十分に供給されない以上、新しい産業は創出されづらく、ダイナミズムが枯渇した。それにもかかわらず、労働集約産業の量的拡大につれて、労働が逼迫すれば、賃金は高騰する。その一方

で、その労働集約的産業の製品は、より賃金の安価な後発国から競争圧力を受けることになる。結果として、1人当たりの所得（その所得形成の主たる賃金）がある一定の高さを超えた国は、「成長の罠」にはまり、経済が停滞することになる。

ところが、今日のステージⅣでは、OEM関連の世界の貿易量は膨張している。この状況をうまく活用して、LDCsは、「OEMによる広義の学習レント」でダイナミズムの形成を図っている。この章は、この現実から、レントとしての「修正OEM」の活用の可能性を論議した。

補足Ⅰ

スミスの自己増強的な性向を強調するために、スミスの経済発展の枠組みを示す。
分業導入の条件は、3つである。それは、図4-5の①と②、および③貿易制限の排除である。ただし、この枠組みにおいては、貿易条件は一定と想定している（参照：アデルマン 1971 pp.31-52）。

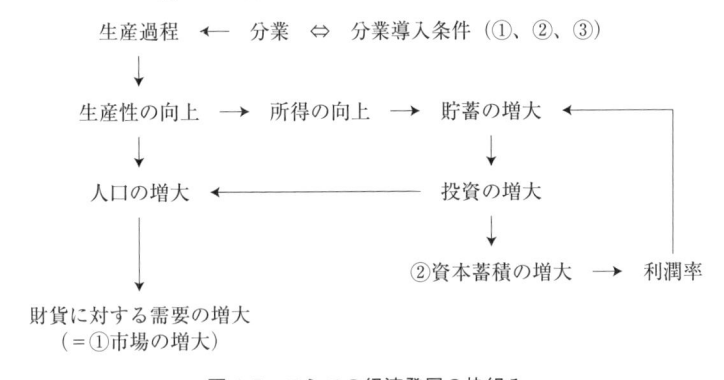

```
生産過程 ← 分業 ⇔ 分業導入条件（①、②、③）
   ↓
生産性の向上 → 所得の向上 → 貯蓄の増大 ←
   ↓                           ↓
人口の増大 ←           投資の増大
   ↓                           ↓
財貨に対する需要の増大    ②資本蓄積の増大 → 利潤率
（＝①市場の増大）
```

図4-5　スミスの経済発展の枠組み

補足Ⅱ

モニタリング設計は、ほぼ、レント設計と置き換えてもいい。ただ、両者が異なるのは、レントが移転する特性を持つことである。特に、レントの移転は、経済構造や経済システムによって異なるので、レント設計が実際上は難しくなる。

たとえば、工業部門へのレントが農業部門にマイナスの移転として負担を強いることもある。もちろん、ここで想定する経済構造は農業部門と工業部門が生産

活動をしている。いま、工業化の進展のためには、LDCs の要素賦存比率に適合するように、工業部門の賃金が相応しなければならない。そのために、農業財の安価政策が採用される。この場合、レニスとフェイが論じる（Ranis and Fei 1961）ように、農業財の低価格政策は、工業財で測った工業労働者の実質賃金を低く抑えることに寄与する。

　また、この経路以外にも、工業部門の賃金の低下に寄与する。この農業財の低価格措置は農業部門の利潤を圧縮し農業部門の投資を減少させ、生産量の低下をもたらす。このような状況の中、農業部門は、1人当たり産出量を維持するためには、労働力を農業部門から排出せざるを得なくなる。結果として、労働力は工業部門へ移動する。工業部門は労働市場での労働供給を受けて、賃金低下圧力を享受する。このような他部門を対象とした政策が市場メカニズムを経由して他部門にレントを創出する。この場合、レントをモニタリングの3条件（客観性、数量化、透明性）で判断しても、「飛ばしによる」レント創出を見出すことはできないかもしれない。

■参考文献■

Arrow, K. J. (1962). "The Economic Implication of Learning by Doing." *The Review of Economic Studies* **29**(3): 155-173.

Baldwin, R. E. (1969). "The Case against Infant-Industry Tariff Protection." *The Journal of Political Economy* **77**(3): 295-395.

絵所秀紀（1997）『開発の政治経済学』日本評論社。

堀金由美（2010）「レント、レント・シーキング、汚職と開発の政治経済学」『政経論叢』明治大学政治経済研究所、**78**(5・6)、207-241 頁。

Kemp, M. (1960). "The Mill-Bastable Infant-Industry Dogma." *The Journal of Political Economy* **68**(1): 65-67.

中兼和津次（1999）『中国経済発展論』有斐閣。

カーン、M. H.、ジョモ、K. S.編、中村文隆・武田巧・堀金由美監訳（2007）『レント、レント・シーキング、経済開発―新しい政治経済学の視点から』人間の科学新社。

中村文隆（2012）「工業化とレント」『政経論叢』明治大学政治経済研究所、**80**(3・4)、39-62 頁。

Ranis, G. and Fei, J. C. H. (1961). "A Theory of Economic Development." *Amer-*

ican Economic Review **51**, September: 533-565.

Ranis, G. and Fei, J. C. H. (1972). "Less Developed Country Innovation Analysis and the Techonology Gap." in Ranis, G. ed. *The Gap between Rich and Poor Nations.* New York: Martin's Press.

ロビンズ、L.、井手口一夫・伊東正則監訳（1971）『経済発展の学説』東洋経済新報社。

Ross, M. L. (2001). *Timber Booms and Institutional Breakdown in Southeast Asia.* Cambridge: Cambridge University Press.

ロス、M. L.、中村文隆・末永啓一郎監訳（2012）『レント、レント・シージング、制度崩壊』人間の科学新社。

戸堂康之（2008）『技術伝播と経済成長』勁草書房。

Young, A. (1991). "Learning by Doing and the Dynamic Effect of International Trade." *Quarterly Journal of Economics* **106**(2): 369-405.

アデルマン、I.、山岡喜久男訳（1971）『経済発展の諸理論』同文舘、31-52 頁。（Adelman, I. *Theories of Economic Growth and Development.* California: Stanford University Press, 1961）

Zangwill, W. I. (2000). "The leanig curve: a new perspective." *International Transactions in Operational Research* **7**: 595-607.

第5章

日本の IT 産業政策とレント[1]

1. 経済発展における政府とレントの役割

(1) 経済発展とレント

　カーン（Khan 2000）はレントを幅広く捉え、効率性や成長にどのような影響を与えるかに基づいて、レントの有効可能性を検討している。本章では、カーン（Khan, M. H.）の議論を参考にしつつ、経済発展という長期的なプロセスにおいては、レントの存在が必要不可欠であるとの立場に立って、レントの有効可能性を論じる。

　シュンペーター（Schumpeter 1934）は、経済発展の原動力としてのイノベーションを強調した。このイノベーションは、それを実現させた企業家にレントをもたらすことになるが、そのレントは独占的な性質も併せ持っている。こうした事実は、正統派の経済学では軽視されてきた。ブキャナン（Buchanan 1980）もまた、企業家の行動に着目し、企業家に動機を与える経済的レントの重要性を指摘している。

　後発企業は、先発企業の技術を模倣する努力を通じて、レントを獲得することもできる。これは、特定の国の企業対企業の間だけではなく、先発国と後発国の間で生じることもある。この模倣は、先発企業あるいは先発国の技術を、自企業あるいは自国に適応させる必要があるという点で、イノベーションの側面も併せ持っている。模倣・適応という努力を通じてレントを獲得す

1）　本章は、末永（2009b）を大幅に加筆・修正したものである。

るのである。

　また、より広い視点から、経済発展をコーディネーションの連続として捉えると、様々な面でレントが生じることになる[2]。このコーディネーションは、シュンペーター（Schumpeter, J. A.）のいう新結合、すなわち、新製品の開発、新生産方式の導入、新市場への参加、新供給源の開拓、新組織の実現に類似した概念である。こうしたコーディネーションを実現することで、経済が発展していくのであり、それを実現した経済主体は、他の機会では得られないレントを獲得することができる。こうしたレントの獲得可能性が、より良いコーディネーションを実現するためのインセンティブになるのである。本章では、このレントをコーディネーション・レントと呼ぶことにする。

　レントという用語は、マイナスのイメージを持つ場合もあるが、以上のように経済発展においては必要不可欠な存在でもある。こうした事実は、伝統的な経済成長モデル（ソロー・モデル）でも、ほとんど無視されてきた。このモデルでは、技術進歩は「空から降ってくる」ものであり、その技術進歩が経済成長をもたらす原動力であるにもかかわらず、その技術進歩の源泉については、モデルに取り込むことができなかった。

　1980年代半ばから盛んに展開された内生的経済成長モデルでは、技術進歩の源泉をモデルに取り込んできた。たとえば、経済成長の源泉としてのイノベーションが発明によって生じるものとし、その発明家にはその対価が支払われるようなモデルである。そしてこの発明家に支払われる対価には、独占レントの性質も含まれている[3]。

（2）　政府の役割とレント

　経済発展におけるレントの役割が再認識される中、経済発展における政府

---

[2]　例えば、マツヤマ（Matsuyama 1996）は、経済発展を、より良いコーディネーション・システムの発見プロセスと捉えている。
[3]　内生的経済成長モデルについては、バローとサラ-イ-マーティン（Barro and Sala-i-Martin 1995）が参考になる。しかし、内生的経済成長モデルが経済発展の本質を捉えているとはいい難い。この点に関しては、スエナガ（Suenaga 2012a）も参照のこと。

の役割にも注目が集まっている。東アジアにおいて、政府が大幅な介入を行ったことは、多くの研究者が認めるところである。しかし、そうした介入がなければ、より良い経済パフォーマンスを実現していたはずとする見解と、そうした介入こそが東アジアの発展をもたらしたとする見解に大きく分かれていた。新古典派は、マクロ経済の安定や教育といった基礎的な条件整備を行ったことが成功の原因であって、政府の個別産業に対する介入の多くが失敗したと考える[4]。それに対して、アムズデン（Amsden 1989）やウェイド（Wade 1990）といった修正主義者と呼ばれる研究者は、政府が重要な役割を果たしたことを強調する。

ワールド・バンク（World Bank 1993）は、東アジアの政府が基礎的条件を整備しつつ、輸出振興策などの選択的介入を行ったことが、成功の要因であるとした。しかし、特定産業振興や政策金融の有効性に関しては、ほとんど認めていない。特定産業振興は、一般的に成功せず、他の途上国経済にとって有望なものではないとし、政策金融についても、一定の状況下では成功したが、高いリスクを伴うものとしている。

アオキほか（Aoki et al. 1996）は、こうした市場と政府の役割に関する論争に対して、市場拡張的見解（market-enhancing view）を提示する。これは、市場と政府という二分法から離れ、政府が民間部門のコーディネーションを促進する役割を持つという見解である。また、囚人のジレンマの状況から生じるコーディネーションの失敗を取り上げ、この失敗を克服するための方策について議論している。コーディネーションが達成された場合にのみ報酬を与えるという状態依存型レント（contingent rents）を提供することによって、こうしたコーディネーションの失敗を克服できる可能性があることを論じている[5]。

東アジア諸国が急激なキャッチアップを遂げ、「東アジアの奇跡」と称賛される中で、経済発展における政府の役割に関する論議が盛んになったが、1997年に生じたアジア通貨危機は、政府介入に伴って生じるレント・シー

---

4) こうした見解については、ワールド・バンク（World Bank 1991）のマーケット・フレンドリー・アプローチなどをみよ。

キングに再び脚光を浴びせることになる。アジア諸国では、こうしたレント・シーキングが広範囲に存在していたにもかかわらず、なぜ成長が可能だったのか。カーンとジョモ（Khan and Jomo 2000）は、レントの概念の整理を試みるとともに、東南アジア諸国の経済発展において、広範なレント・シーキングが行われたにもかかわらず、成長が実現した要因について検証を行っている。また、ロス（Ross 2001）は、政府がレント配分権を獲得しようとする行動をレント・シージング（rent seizing）と呼び、そうした行動が制度崩壊を引き起こす過程を実証的に検証している。

(3) 本章の構成

　本章では、日本のIT産業政策、特に超LSI技術研究組合（以下、超L研）を中心に検討を行い、経済発展におけるレントと政府の役割について考察する。超L研は、大きな成果を上げたといわれているが、その理由をレントの観点から分析するとともに、成功をもたらした背景についても考察する。ただし、長期的視点からみると、超L研の成果を手放しで称賛することはできない。IT産業が発展するとともに生じた変化をみたうえで、長期的視点からみた超L研の評価も行う。

　本章の構成は以下の通りである。次節では、日本のIT産業の歴史を概観し、第3節では、超L研の分析を行う。第4節では、世界的に生じたIT産業の変化をみたうえで、日本の現状をレビューし、第5節で、超L研後のIT産業政策について考察する。そして、最後に、日本のIT産業政策、特に超L研についての再評価を試みる。

5）　この状態依存型レントは、ワールド・バンク（World Bank 1993）の「パフォーマンス指数に基づく報酬」（performance-indexed rewards）や、カーン（Khan 2000）の「学習レント」（rents for learning）など、様々な用語で呼ばれているが、内容的には非常に類似したものである。本章で取り上げる先端的な研究開発においては、コーディネーションの失敗が特に顕著であるが、本章では、マーケット・フレンドリー・アプローチや修正主義の見解のように、市場か政府かという議論に基づくのではなく、政府がコーディネーションを補完する役割を果たすという市場拡張的見解に基づき、政府の役割に関する考察を行う。

2. 日本IT産業のキャッチアップと政府の役割

(1) 日本IT産業のキャッチアップ

　日本のIT産業、特にコンピュータ産業や半導体産業の歴史が始まったのは、第二次世界大戦後である。外国、特にアメリカからの技術導入と、政府による産業保護・育成政策に支えられながら、日本のIT産業は次第に技術力を蓄えていった。日本政府は、輸入割当、関税、技術導入・外資導入の規制、補助金の支給、日本開発銀行の低利融資、国産品使用の奨励など様々な政策を実施した（新庄 1984、情報処理学会 1998）。

　図5-1は、日本の汎用機市場における外国機と国産機の納入実績（金額ベース）である。1960年前後には、市場の大半を外国機、特にアメリカの企業が占めたが、1965年には50％を国産機が占め、それ以降も、概ね、50％以上を維持するようになった。しかし、全世界のコンピュータ市場に占める日本

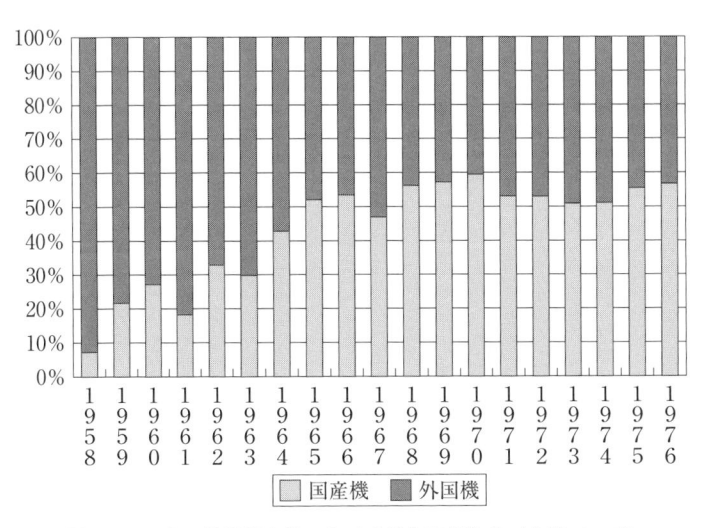

図5-1　日本の汎用機市場における納入実績比率（金額ベース）

出所：新庄 1984。
データ：JECC『コンピューター・ノート』各年版。

表 5-1 世界半導体市場における売上ランキングとランキング数

	1971 年	1981 年	1991 年	2001 年	2011 年
1	テキサス・インスツルメンツ	テキサス・インスツルメンツ	NEC	インテル	インテル
2	モトローラ	モトローラ	東芝	東芝	サムスン
3	フェアチャイルド	NEC	日立製作所	ST マイクロ	東芝
4	ナショナル・セミコンダクタ	日立製作所	インテル	サムスン	テキサス・インスツルメンツ
5	シグネティックス	東芝	モトローラ	テキサス・インスツルメンツ	ルネサス
6	NEC	ナショナル・セミコンダクタ	富士通	NEC	クアルコム
7	日立製作所	インテル	テキサス・インスツルメンツ	モトローラ	ST マイクロ
8	アメリカン・マイクロシステム	松下	三菱	日立製作所	ハイニックス
9	三菱	フィリップス	松下	インフィニオン	マイクロン
10	ユニトロード	フェアチャイルド	フィリップス	フィリップス	ブロードコム
米	7	5	3	3	5
日	3	4	6	3	2

出所:日本電子機械工業会編『IC ガイドブック 1994 年版』17 頁、プレスジャーナル『日本半導体年鑑 1992 年度版』202 頁、『日本経済新聞』2002 年 3 月 18 日、米ガートナー社の HP などより。
データ:ガートナー・データクエスト。

企業のシェアは 1971 年末時点でわずか 3.5％であり、IBM の 62.1％、IBM を含むアメリカ企業の合計 92.3％に遠く及ばなかった(坂本 1992 p.86)。

また、1971 年の世界半導体市場における売上ランキングをみても、上位 5 社はアメリカの企業が独占しており、日本企業が 10 位以内に 3 社ランクインしていたものの、日米の格差はまだ歴然としていた(表 5-1)。半導体製造装置は、さらにアメリカへの依存度が高く、1979 年時点でも、世界の半導体製造装置市場におけるランキング上位 10 社に、日本企業は 1 社もランクインしていなかった(表 5-2)。

表 5-2 世界半導体製造装置市場における売上ランキングとランキング数

	1979 年	1989 年	1999 年	2009 年	2011 年
1	フェアチャイルド	TEL	AMAT	AMAT	ASML
2	P-E	ニコン	TEL	TEL	AMAT
3	AMAT	AMAT	ニコン	ASML	TEL
4	GCA	アドバンテスト	ASML	ニコン	KLA-Tencor
5	テラダイン	キヤノン	テラダイン	KLA-Tencor	ラムリサーチ
6	バリアン	GS	KLA-Tencor	ラムリサーチ	大日本印刷
7	テクトロニクス	バリアン	アドバンテスト	大日本印刷	ニコン
8	イートン	日立製作所	ラムリサーチ	ASM	アドバンテスト
9	K&S	テラダイン	キヤノン	ノベラス	ASM
10	バルザース	ASM	日立製作所	テラダイン	ノベラス
米	9	4	4	5	4
日	0	5	5	3	4

注：AMAT：アプライド・マテリアルズ、GS：ゼネラル・シグナル、K&S：キューリック&ソファ、P-E：パーキン・エルマー、TEL：東京エレクトロン。
出所：肥塚 1996 p.155、高橋 2001 p.21、VLSI Research 社の HP。
データ：VLSI Research.

(2) 自由化と政府の役割

しかし、日本経済全体が発展を遂げ、先進国として位置付けられるとともに、諸外国、特にアメリカからの自由化圧力にさらされることになる。1972年には記憶機、端末機を除く周辺装置の輸入自由化、1975年にはコンピュータ本体の輸入自由化が行われ、1975年にはコンピュータの製造・販売賃貸業の100％資本自由化、1976年には情報処理産業の100％資本自由化が実施された。IC についても、素子数200未満は1973年、素子数200以上は1974年に輸入が自由化され、100％資本自由化も1974年に実行された。

日本政府は、国内の IT 産業に対して、その見返りとして、それまで以上の大幅な助成措置を実施する。1972～76年度には、電子計算機新機種開発促進費補助金として、約570億円の補助金を支出し、IBM 370 シリーズに対抗し得る新シリーズの開発に充てさせた。1976年度からは、超 LSI 補助金が交付されることになるが、この詳細については、節を改めて論じること

としたい。

3. 超LSI技術研究組合とレント

(1) 超LSI技術研究組合の概要と成果

　超L研は1976年度から4年にわたって実施された共同プロジェクトで、投下資金は約700億円、そのうち国から約290億円の補助金が供与された[6]。このプロジェクトは、自由化後の諸外国の脅威に対抗するためのものであったが、特に、1980年頃までに開発されるといわれたIBMの次世代コンピュータ、フューチャー・システム（FS）に対抗する意味合いが強かった。

　参加した主な企業は、日立製作所、富士通、三菱電機、日本電気、東芝の5社で、共同で研究所を設置した。このプロジェクトに協力した企業は、数十社に上るとされる。研究開発のテーマは、微細加工技術、結晶技術、設計技術、プロセス技術、試験・評価技術、デバイス技術など多岐にわたっていたが、中心的なテーマとなったのは、基本的な微細加工に関する製造装置の開発とシリコン結晶についてであった（垂井 1982 pp.144-145）。

　このプロジェクトの成果は高く評価されている（伊藤ほか 1988、垂井 2008）。特許・実用新案の出願は1200件を超えており、日米間の技術ギャップの縮小にも大きく貢献した。電子ビーム描画装置やステッパの開発にも成功し、製造装置の国産化にも大きく寄与した。特に、超LSIの量産技術を確立させ、日本の半導体各社の技術力向上をもたらした。

　そして、そうした成果が1980年代の日本のIT産業の飛躍的な発展につながった。日本の汎用機市場における国産機の設置金額のシェアは、1984年以降のデータでみると、6割を超えるようになる[7]。世界の半導体製造能

6）　その後も1986年度まで存続していたが、1980年度以降は、補助金なしで活動を行う。本章では、主に、補助金が支給されていた1979年度までを念頭に論を進める。
7）　『日経コンピュータ』の以下の各号を参照。1984年10月15日、1985年9月30日、1986年9月29日、1987年9月28日、1988年9月26日、1989年9月25日、1990年9月24日。

力でみると、日本のシェアは1980年には38％、1985年には47％へと増大している (Leachman and Leachman 2004)。世界の半導体市場における売上ランキング上位10社をみても、1991年には日本企業が6社ランクインするとともに、トップ3を独占している。特にDRAM (Dynamic Random Access Memory) 市場では、1988年のランキングをみると、日本企業が上位7社中6社を占めている。半導体製造装置に関しても、1985年時点ではまだ上位10社中2社しか日本企業がランクインしていなかったが、1989年には5社が名を連ねるようになった。

超L研のような共同研究組合はどのような利点があるのだろうか。伊藤ほか (1988) によると、研究開発投資には、主に専有不可能性の問題と重複投資の問題が存在する。専有不可能性の存在のため、研究開発の私的インセンティブが過小となる一方、重複投資の問題のため、研究開発の私的インセンティブが過大となるなどの問題が存在する。超L研のような研究開発組合は、専有不可能性を内部化するとともに、重複投資を回避できるという利点がある。

超L研のプロジェクトは、まさにこうした利点を有するものであったが、様々な問題も存在した。どの企業を参加させるか、参加企業にどの部分を担当させるか、ノウハウ流出の恐れをいかに解消するかといった問題である。また、開発成果の恩恵が公正に配分されない可能性がある場合には、開発インセンティブが低下するといった問題も生じる。実際、プロジェクトの企画・初期段階では、様々な不協和音が聞かれた[8]。

このプロジェクトが成功した要因として、垂井 (1982) は、タイミングが良かったこと、事前の準備が良かったこと、目標と期間が当初からはっきりしていたこと、フレキシブルな決定と運営が行われたことを挙げている。若杉 (1984) は、組合直轄の共同研究所において共同で研究したこと、研究参加者が同レベルの研究水準を持っていたこと、目標が極めて明確に事前に設

---

[8] こうした諸問題については根橋 (1980)、垂井 (1982)、『日経産業新聞』1976年5月26日～27日などを参照。

定されたこと、時間があらかじめ4年間と設定されたことを挙げている。

(2) 超LSI技術研究組合とレント分析

　このプロジェクトは、レントの概念からみると、どのように捉えることができるのであろうか。まず、政府が提供した補助金約290億円はカーン（Khan 2000）のいう移転レント（rents based on transfers）であったが、実質的には学習レントの性格を持っている[9]。すなわち、政府の一連の保護育成政策の中で、ある程度の成果を上げなければ、その後の保護を受けられない可能性があった。そのため、超L研においても、何らかの成果を上げなければならないというインセンティブが働いていた。また、超L研の場合、この成果は、特許数などによって計られたと考えることができる。

　また、主なデバイス企業が共同で開発を行うことによって、コーディネーション・レントが生じた。こうしたコーディネーションには、必ずしも政府が関与する必要はないが、すでに述べたように、共同研究開発には、様々な問題が生じるため、不確実性が高い場合には、実現しないケースも多い。実際、このプロジェクトが企画された当時、このような試みは世界初ともいえるものであった（垂井 1982 p.142）。しかし、政府の用意した学習レント（とその後に与えられる可能性のある学習レント）は、そうした問題を克服するほどの大きさであったため、超L研によるコーディネーション・レントが実現することとなった。

　このコーディネーション・レントは、デバイス企業間だけではなく、デバイス企業と装置・材料企業との間でも生じた。デバイス企業と装置・材料企業との間の情報交換は、アメリカに比べれば、比較的行われていたが、デバイス企業もライバル企業への情報流出を恐れて、通常は装置・材料企業に曖昧なことしかいわなかった。しかし、この超L研のプロジェクトでは、主なデバイス企業がすべて集まっていたこともあり、デバイス企業と装置企業が密着して議論でき、開発ターゲットにベクトルを合わせることができた（垂

9）　移転レントや学習レントについては、カーン（Khan 2000）参照。

井 1991 p.131)。

　ただし、こうしたレントには様々な問題が存在する。政府が学習レントを提供するためには、先行きを見越す能力が必要不可欠である。そのため、特に官僚の質が重要となるが、超L研のプロジェクトが企画された段階では、まだアメリカの技術が先行しており、目標設定は比較的容易であった。実際、超L研のテーマも「相当に見通しのよいもの」(垂井 1982 p.144) を選択することが可能であった。ただし、アメリカの技術フロンティアにキャッチアップするとともに、こうした目標設定が困難になることはいうまでもない。

　また、学習レントが長期にわたって供与される場合、企業の学習インセンティブが低下する恐れがある。超L研の場合、自由化に対する措置として、4年という期限付きで実施されたため、その可能性は比較的小さかった。ただし、超L研自体は短期間で終了したが、このプロジェクトの前後には、政府による一連の保護・育成政策が長期にわたって実施された。こうした点に伴う問題点については、本章の最後に再び触れることとしたい。

　また、社会的に非効率性をもたらすレント・シーキングが生じる可能性もある[10]。合法的な陳情もレント・シーキングの範疇に入れるとすれば、実際、数多くのレント・シーキングが行われた。特に、コンピュータの自由化が政府内で議論され始めると、業界団体からの陳情と補助金要求は、ますます盛んになっていった[11]。たとえば、コンピュータ業界の首脳らは、1973年3月5日、自由化の時期を延期するよう政府に注文を付けると同時に、コンピュータの開発促進費や資金調達コストの削減のために、約1500億円にのぼる補助金を要請したりしている[12]。

　こうした問題が存在したにもかかわらず、すでに述べたように、超L研の成果は高く評価されている。コーディネーション・レントを実現する過程では様々な不確実性が存在したが、技術軌道が比較的明確で、アメリカを

---

10)　レント・シーキングについては、カーンとジョモ (Khan and Jomo 2000) も参照のこと。
11)　こうした状況については、仙波 (1995) が詳しい。
12)　「自由化受けて立つ電算機業界」『エコノミスト』1973年3月27日、pp.48-52。

キャッチアップしている段階では、政府が学習レントを提供することによって、こうした不確実性を克服することが可能であった。また、このプロジェクトの成功の背景には、自由化という脅威の存在や、目標設定・期間の適切さといった要因が大きな影響を与えている。

4. IT産業の構造変化と日本の現状

(1) IT産業の世界的な構造変化

　超L研は、IBMのFSへの対抗措置として位置付けられていたが、その後のIT産業の構造は大きく変化していく。コンピュータ市場の中心は、汎用機からパーソナル・コンピュータ（パソコン）へとシフトしていく。コンピュータ業界の巨人と呼ばれていたIBM自身が、その変化についていけず、「ウィンテル」[13]にその座を奪われ、2004年には、パソコン部門を中国のレノボに売却することになる。日本企業も省スペース化や高付加価値化によって、ある程度の利益を得ていたが、パソコンの中核であるOSとCPU（Central Processing Unit）を押さえた「ウィンテル」に多額の利益を確保されている。

　パソコンは、9割以上が中国で生産（組立）されており、特に中国におけるノート・パソコンの9割近くは台湾企業が担っている。こうした現象とともに、パソコンのコモディティ化が進み、魅力的な付加価値を加えづらくなった日本企業は、徐々にシェアを落としてきている（末永 2008）。

　半導体でも、1990年頃から韓国企業の台頭を招き、特にDRAMの生産に関しては、日本企業は次々と撤退していった。日本企業で唯一DRAMを生産していたエルピーダ・メモリも、ついに2012年2月に会社更生法適用を申請することとなった。台湾企業も、ファウンドリという業態で高いシェアを獲得しており、世界の半導体製造能力に占めるシェアも高まっている。世界の半導体製造能力に占める日本のシェアは、1995年には37%、2001年に

---

13) マイクロソフト社のOS（Operating System）の製品名であるウィンドウズと、インテル社のインテルを組み合わせた造語。

表5-3 世界パソコン市場におけるブランド別出荷台数のシェア（％）

順位	1996年		2006年		2009年	
1	コンパック	11.7	デル	17.1	HP	19.7
2	NEC	9.6	HP	17.0	デル	12.6
3	IBM	8.8	レノボ	7.3	エイサー	12.6
4	アップル	5.2	エイサー	5.9	レノボ	8.2
5	富士通	4.8	東芝	4.1	東芝	5.2
6	デル	4.2	富士通	3.7	アスース	4.1
7	HP	4.2	アップル	2.5	アップル	3.7
8	エイサー	3.9	ゲートウェイ	2.2	サムスン	2.1
9	東芝	3.8	NEC	2.2	ソニー	2.1
10	ゲートウェイ	2.9	ソニー	1.7	富士通	1.8
米		6		4		3
日		3		4		3

注：富士通は富士通・シーメンスを含む。
出所：『読売新聞』2007年9月6日、『日本経済新聞』2011年1月21日。
データ：米IDC社。

は20％へと低下しており（Leachman and Leachman 2004）、半導体売上ランキングでみても、日本企業のプレゼンスが相対的に低下してきている（表5-1）。本社所在地別にみた日本の半導体企業の市場シェアは、2011年時点で、16％程度にまで低下している（IC Insights 2012）。

　ただし、半導体製造装置や材料といった分野では、まだ高いシェアを維持している日本企業も存在する。製造装置市場においては、2011年時点でもトップ10社に4社がランクインするほど、高い競争力を維持している。半導体の材料に関しても、日本企業のシェアは高いといわれており、シリコン・ウェハでは信越化学やSUMCOなどの日本企業が2009年時点でも60％以上を占め、半導体フォトレジストにおいても東京応化やJSRといった日本企業が高いシェアを占めている（産業競争力懇談会 2012）。

(2) 構造変化の要因

　こうしたIT産業の構造変化の背景には、東アジアのIT産業の台頭、多

国籍企業の海外展開、各国政府の政策など様々な要因が影響を及ぼしているが、ここではそうした要因の中でも大きな影響を及ぼしたIT産業の「垂直非統合」という現象に注目したい。「垂直非統合」（vertical disintegration）とは、垂直統合（vertical integration）の逆を意味する。つまり、ある製品を生産するためには複数の工程が必要となるが、そうした工程を１つの企業がより多く担うようになることを垂直統合といい、１つの企業によって担われていた複数の工程が複数の企業によって担われるようになることを垂直非統合という。かつて垂直統合型の企業が行っていた生産工程は、産業の発展とともに様々な企業によって分業されるようになり、その中で中核となる工程を握った企業が、高い独占的利潤を獲得することも多い。

　コンピュータの生産においても、IBMはシステム360によって高いシェアを獲得したが、モジュール設計を採用したがゆえに、その後、様々な企業の参入を招き、コンピュータの生産は「モジュール・クラスター」によって行われることになった。プリンタ、端末、メモリ、ソフトウェア、そして最後には、CPUまでもが専門の企業によって生産されるようになり、IBMの地位は低下していったのである（Baldwin and Clark 2000）。

　特にパソコンにおいては、IBMのモジュール設計が、パソコン産業の垂直非統合を決定的なものとした。1970年代後半、アメリカのパソコン市場は、Apple社のApple IIなどを中心に、大きく拡大することになるが、ミニ・コンピュータ（ミニコン）市場でも出遅れていたIBMは、パソコン市場での巻き返しを図るため、1980年にパソコン市場への参入を決定する。しかし、開発チームに与えられた開発期間はわずか１年であり、多くの部品を他社に依存せざるを得なかった。特に、パソコンの基幹部品であるCPUを米インテル社、OSを米マイクロソフト社から調達することになった結果、パソコン産業は、「ウィンテル」に支配されることになる。また、他の部品についても、IBM互換メーカーが発展し、パソコン産業の垂直非統合が進んでいく。

　半導体の生産においても、かつて垂直統合型の企業が各生産工程を担っていたが、時代とともに垂直非統合が進んでいった。半導体技術が生まれた当初は、原材料の加工、製造装置の製作なども、デバイス企業が行っていたが、

その後、半導体産業が発展していく過程で、シリコン・ウェハ、製造装置、後工程、EDA（Electronic Design Automation）、ファブレス、ファウンドリなどの工程が異なる企業で行われるようになり、垂直非統合が進んでいった。そして、こうした垂直非統合の進展が、韓国や台湾といった東アジア半導体産業のキャッチアップに大きな影響を与えるのである[14]。

また、垂直非統合と並んで大きな影響を及ぼしているのが、「水平非統合」（horizontal disintegration）とも呼べる現象である[15]。水平非統合とは、関連した様々な製品を作っていた企業が、特定の製品に特化することをいう。範囲の経済よりも、規模の経済の重要性が相対的に高まっている場合には、特定の製品の市場で生き残るためには、世界ランキングで上位数社に入らなければならないともいわれている。そのため、特に半導体市場などでは、特定の製品に特化して生産を行う企業が増加しつつある[16]。

5. 超 LSI 技術研究組合後の産業政策

アメリカの技術フロンティアにキャッチアップするとともに、産業政策の目標を設定することは困難になるが、実際には超L研以降も、第5世代コンピュータ・プロジェクトやシグマ・システム・プロジェクトなど、政府主導の様々な大型プロジェクトが数百億円規模で実施された。しかしその成果については否定的に評価されることが多い（たとえば、情報処理学会 1998）。また、

---

14) スエナガ（Suenaga 2010）、末永（2012）なども参照のこと。こうした垂直非統合が生じる背景には、技術革新の頻度、市場拡大の速さ、競争の度合い、インターフェース、そして輸送費などの影響がある（Suenaga 2007 参照）。
15) この現象は「水平分業」あるいは「選択と集中」といった言葉で呼ばれることがあるが、ここでは「垂直非統合」と並置するために、「水平非統合」という用語を用いた。ちなみに、「垂直非統合」に類似した用語として、「垂直分業」という用語があるが、この言葉は、先進国と発展途上国の間の南北貿易に用いられてきたため、本章のような文脈で用いることは適切ではない。
16) たとえば、インテルはCPU、TI（Texas Instruments）はDSP（Digital Signal Processing）などに特化し、集中的に投資を行うことで、高いシェアと利益を獲得しようとしている。

日米半導体摩擦などの影響によって、控えめとなった日本の産業政策も、アメリカ企業の復活とともに、1990年代後半から、再び実施されるようになるが、ASET、Selete、MIRAIといった日本のコンソーシアムに関しても、「それほどめざましい効果を上げているようには見えない」(垂井 2008 p.2)。

その一方で、ニューヨーク州政府がニューヨーク州立大学オルバニー校とともに行っている産学官連携コンソーシアムや、ベルギーのフランダース地方政府が支援する産学官連携コンソーシアム IMEC など、大きな成功を収めているものもある。日本との大きな違いの1つは、中央政府ではなく、地方政府が中心的な役割を果たしている点であるが、このことは、研究開発において重要な役割を果たす研究開発のグローバル化に大きな影響を及ぼす。すなわち、日本の場合、中央政府が主導権を手放さないため、外国の企業や研究機関が排除される傾向が生じ、コンソーシアムのグローバル度が低下する可能性が生じている。その一方、オルバニーや IMEC では、地方政府が、特定地域の産業や教育への外部経済も目的とすることができるため、その地域以外の企業を誘致することが可能となっている (Suenaga 2012b)。日本のコンソーシアムのように、参加者の「オール・ジャパン」を推し進めることが、必ずしも失敗を招くとは限らないが、日本の半導体産業が衰退を続け、研究開発のグローバル化の必要性が唱えられる中でも、まだ「オール・ジャパン」を推し進めるような政策を日本の中央政府が継続しようとすることは、非常に不可解でもある。

国が関与する場合には、その国の企業を支援せざるを得ず、国内企業中心のコンソーシアムになる傾向がある。結局、そのことが、日本企業のグローバル化を遅らせ、オープン・イノベーションの時代におけるグローバルな研究体制の構築を妨げている可能性もある[17]。本章のはじめに取り上げた「レント・シージング」(Ross 2001) とは、政府がレント配分権を獲得しようとする行動を指すが、日本の中央政府がこうした政策を継続することは、補助

---

[17] その場合には、日本の企業であるかどうかにこだわらずに、地域の経済や教育を目的に掲げることのできる地方政府の方が、政策介入の主体者として適しているかもしれない。

金というレントの配分権の獲得を目的としたレント・シージングといえるのかもしれない。

6. 日本のIT産業政策の再考

　本章は、経済発展という長期的プロセスにおいては、レントが必要不可欠であるという認識に立って、IT産業政策、特に超L研に関して論議した。超L研は、コーディネーション・レントを実現するうえで、政府が与えた学習レント（と行政指導によるコーディネーション）が大きな成果を上げた一例である。このように政府が大きな成果を果たし得た要因としては、官僚の質、自由化という脅威、タイミングの適切さなどがある。レントの非効率性や、レント・シーキングの存在など、様々な問題が生じる可能性があったが、超L研は、1980年代の日本企業の飛躍をもたらしたという点で、短・中期的に大きな成果を上げたといえる。

　ただし、長期的にみると、超L研の評価については注意が必要である。超L研が実施された当時、IT産業、特に日本のそれは、まだ垂直統合型の性格を強く持っていた。コンピュータ企業が半導体を生産するとともに、製

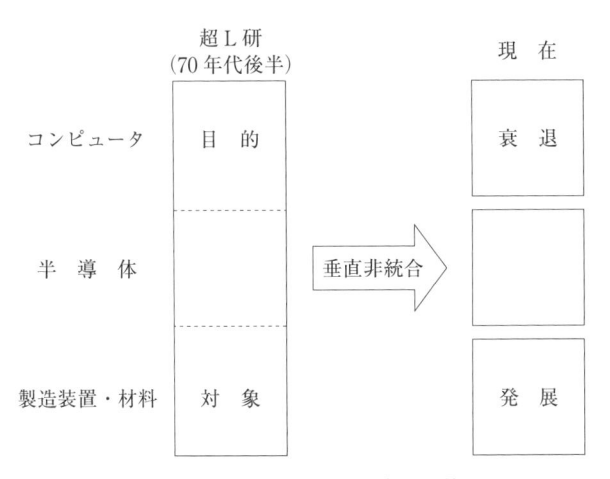

図5-2　超L研の目的と対象の分離

造装置や材料についても、グループ企業に生産させるか、あるいは支配・従属的な関係にある下請企業に生産させるといった産業構造であった。

IBMの新しいコンピュータ・システム（FS）対策を念頭においた超L研は、最新のコンピュータを開発するための超LSIの開発に力を注ぎ、特に微細加工を可能にするための装置や材料に焦点を当てた。超L研で技術力が大きく飛躍した製造装置や材料の企業は、IT産業の垂直非統合とともに、次第に「自立」していき、東アジアなど他の国のデバイス企業やコンピュータ企業の大きな飛躍をもたらすことになる[18]。経済水準が高まるとともに、特定の工程に生産の軸を移さざるを得ない面もあるが、FS対策という目的で育成した製造装置や材料が発展を遂げる一方で、産業構造の垂直非統合とともに、元々の目的であったコンピュータ（その後パソコンが中心となる）部門が衰退していった点には注意が必要である（図5-2）。つまり、日本のIT産業政策が、産業構造の変化に適応できなかった可能性があるということである。

また、製造技術に焦点を当てることの多かった日本の政策は、デファクト・スタンダードを獲得するような設計を生み出すことはほとんどできなかった。グローバル化が進み、世界市場をめぐる競争が激化する中、製造技術に磨きをかけるだけでは、高い利益を維持することは難しい。それに加えて、限られた市場で、多数の企業が共存することも不可能である。垂直統合型・水平統合型の経営戦略をとることの多い日本企業は、IT産業の垂直非統合・水平非統合が進む場合には、適切な対応をとることができないことが多い。

日本では、超L研のように、いわばカルテル支援ともいえる政策が実施されたが、その一方、アメリカでは、反独占政策が実施されてきた。AT&TやIBMといった大企業は、反独占政策によって半導体の外販や他事業への進出などを制限せざるを得ず、そうした恩恵を受けて誕生・発展したともいえるのが、TI、インテル、アップル、マイクロソフト、グーグルといった企業である。アメリカでも、カルテル支援といわれるような政策が実施され

---

18) デバイス企業と製造装置企業の関係の変化と、それに伴う東アジア半導体産業のキャッチアップについては、末永（2009a）参照。

ることもあるが、こうした企業が次々と誕生し、デファクト・スタンダードを確保するとともに、高い独占的利益を得ていることは、日本も注目すべきである。超L研のように、大型コンピュータを生産している大企業だけを対象にした政策は、新しい可能性を持ったベンチャー企業の出現を抑圧した可能性もある。

　もう1つの問題は、超L研が短・中期的にではあっても、成功したゆえに生じた問題である。つまり、成功体験が、その後の産業政策に悪影響を及ぼした可能性もある。政策立案者は、目にみえる成果が必要なため、成果の出やすい目標を掲げる傾向があるが、そうした目標は、それまでの技術パラダイムを引き継ぐものとなりやすい。具体的には、微細化技術を追求する目標となりやすいが、そうした目標は、韓国や台湾と競合しやすく、独占的利益をもたらすような異なるパラダイムにはつながりにくい。また、前節でも論じたように、中央政府が主導するということ自体が継続しており、政策主体の転換という発想も必要であろう。産業構造と産業政策の抜本的な改革が望まれる。

■参考文献■

Amsden, A. H. (1989). *Asia's Next Giant: South Korea and Late Industrialization*. New York: Oxford University Press.

Aoki, M., Kim, H.-K. and Okuno-Fujiwara, M. eds. (1996). *The Role of Government in East Asian Economic Development: Comparative Institutional Analysis*. New York: Oxford University Press. （青木昌彦・金瀅基・奥野（藤原）正寛編、白鳥正喜監訳『東アジアの経済発展と政府の役割―比較制度分析アプローチ』日本経済新聞社、1997年）

Baldwin, C. Y. and Clark, K. B. (2000). *Design Rules, vol. 1: The Power of Modularity*. MIT Press. （安藤晴彦訳『デザイン・ルール―モジュール化パワー』東洋経済新報社、2004年）

Barro, R. J. and Sala-i-Martin, X. (1995). *Economic Growth*. New York: McGraw-Hill. （大住圭介訳『内生的経済成長論Ⅰ、Ⅱ』九州大学出版会、1997年、1998年）

Buchanan, J. M. (1980). "Rent Seeking and Profit Seeking." in Buchanan, J. M., Tollison R. D. and Tullock G. eds. *Toward a Theory of the Rent-Seeking Society.* Texas: Texas A&M Press.（トリソン、R.、コングレトン、R. 編、加藤寛監訳『レントシーキングの経済理論』勁草書房、2002 年、61-74 頁）

IC Insights. (2012). "McClean Report 2012." IC Insights.

伊藤元重・清野一治・奥野正寛・鈴村興太郎（1988）『産業政策の経済分析』東京大学出版会。

情報処理学会（1998）『日本のコンピュータ発達史』オーム社。

Khan, M. H. (2000). "Rents, Efficiency and Growth." Khan, M. H. and Jomo, K. S. eds. ch. 1, pp. 21-69.

Khan, M. H. and Jomo, K. S. (2000). *Rents, Rent-seeking and Economic Development: Theory and Evidence in Asia.* Cambridge: Cambridge University Press.（カーン、M. H.、ジョモ、K. S. 編、中村文隆・武田巧・堀金由美監訳『レント、レント・シーキング、経済開発―新しい政治経済学の視点から』人間の科学新社、2007 年）

肥塚浩（1996）『現代の半導体企業』ミネルヴァ書房。

Leachman, R. C. and Leachman, C. H. (2004). "Globalization of Semiconductors: Do Real Men Have Fabs, or Virtual Fabs?" Kenney, M. with Florida, R. eds. *Locating Global Advantage: Industry Dynamics in the International Economy.* ch. 8, pp. 203-221.

Matsuyama, K. (1996). "Economic Development as Coordination Problems." in Aoki, M. et al. eds. ch. 5, pp. 134-160.

根橋正人（1980）「超 LSI 開発―競合5社による共同プロジェクトの4年間」『マネジメント』11 月号。

Ross, M. L. (2001). *Timber Booms and Institutional Breakdown in Southeast Asia.* Cambridge: Cambridge University Press.（ロス、M. L.、中村文隆・末永啓一郎監訳『レント、レント・シージング、制度崩壊』人間の科学新社、2012 年）

坂本和一（1992）『コンピュータ産業―ガリヴァ支配の終焉』有斐閣。

産業競争力懇談会（2012）「半導体戦略プロジェクト―産業競争力強化のための先端研究開発」産業競争力懇談会 2011 年度 プロジェクト 最終報告。

Schumpeter, J. A. (1934). *The Theory of Economic Development.* Cambridge: Harvard University Press.（シュムペーター、J. A.、塩野谷祐一・中山伊

知郎・東畑精一訳『経済発展の理論』岩波書店、1977年）

仙波恒徳（1995）「コンピュータ産業政策と"行政指導"の役割（その2）」『商経論叢』九州産業大学、35(3)、1-38頁。

新庄浩二（1984）「コンピュータ産業」小宮隆太郎・奥野正寛・鈴村興太郎編『日本の産業政策』東京大学出版会、297-323頁。

末永啓一郎（2008）「中国の経済発展とIT産業」安田信之助編『新講　国際経済論』八千代出版、179-203頁。

末永啓一郎（2009a）「東アジアにおける半導体産業のキャッチアップ—デバイス・メーカーと製造装置メーカーの関係に焦点をあてて」『日本貿易学会年報』46、56-63頁。

末永啓一郎（2009b）「経済発展における政府とレントの役割—日本IT産業の発展と停滞」『城西大学経営紀要』5、29-43頁。

末永啓一郎（2012）「雁行形態論における分業とキャッチアップ」『政経論叢』明治大学政治経済研究所、80(3・4)、303-322頁。

Suenaga, K. (2007). "Toward a Theory of Industrial Development and Vertical Disintegration: The Case of the Semiconductor Industry." *The Josai Journal of Business Administration* 4: 49-56.

Suenaga, K. (2010). "Vertical Disintegration and Catch-up in the Semiconductor Industry." *Informatics* 3(2): 5-20.

Suenaga, K. (2012a). "A Diagrammatic Model of Technological Paradigms and Technological Trajectories: The Emergence and Hierarchy of Technological Paradigms." Paper presented at the 14th Conference of International Schumpeter Society, University of Queensland, Brisbane, Australia, 2nd July.

Suenaga, K. (2012b). *"The Role of Local Government in an Era of Open Innovation: An Analysis Based on the Example of a Flemish Government-funded NPO."* 『地方自治研究』27(2)、1-10頁。

高橋恭子（2001）「わが国半導体製造装置産業のさらなる発展に向けた課題—内外装置メーカーの競争力比較から」『調査』3月号、No.23。

垂井康夫（1982）『ICの話—トランジスタから超LSIまで』NHKブックス。

垂井康夫監修（1991）『「半導体立国」日本—独創的な装置が築きあげた記録』日刊工業新聞社。

垂井康夫編（2008）『半導体共同研究プロジェクト—日本半導体産業復活のため

に』工業調査会。

Wade, R. (1990). *Governing the Market: Economic Theory and the Role of Government in East Asian Industrialization.* Princeton: Princeton University Press.（ウェード、R.、長尾伸一他訳『東アジア資本主義の政治経済学—輸出立国と市場誘導政策』同文舘、2000年）

若杉隆平（1984）「先端技術産業の研究開発活動—半導体産業のケース」『ビジネスレビュー』**31**、51-67頁。

World Bank (1991). *World Development Report 1991.* New York: Oxford University Press.（世界銀行『世界開発報告1991—開発の課題』イースタン・ブック・サービス、1991年）

World Bank (1993). *The East Asian Miracle: Economic Growth and Public Policy.* New York: Oxford University Press.（世界銀行、白鳥正喜監訳『東アジアの奇跡—経済成長と政府の役割』東洋経済新報社、1994年）

第6章

芸術文化政策とレント

1. 文化経済学と芸術文化政策

　芸術文化政策とは、芸術や文化を対象とした公共政策であり、それが分析対象とするところは、演劇や絵画、映画や漫画、伝統芸能、大衆芸能、生活に係る文化と広範にわたる。分析対象は異なっていても、いずれも分析を行う際には、文化経済学の分析手段を用いることができる。

　芸術文化を経済分析の対象とする「文化経済学 (cultural economics)」または「芸術の経済学 (economics of the arts)」は、ボウモルとボウエン (Baumol and Bowen 1966) に遡ることができる。彼らの主張は、芸術文化財が絶えず慢性的な財政赤字にさらされている外部性を強調し、公的支援の必要性を示すことにあった。ボウモルとボウエン (1966) を受け、1970年代には、ピーコックとウィアー (Peacock and Weir 1975)、ブローグ (Blaug 1976)、スロスビーとウィザース (Throsby and Withers 1979) や、1980年代に入るとフライとポメレーネ (Frey and Pommerehne 1989) により、芸術文化財に関する研究が発展し、その後、1990年以降は、この領域のテキストとして、O'Hagan (1998)、Throsby (2001)、Heilbrun and Gray (2001)、Frey (2003)、Towse (2010) が刊行された。サーベイ論文としては、Throsby (1994) や Blaug (2001) があり、文化経済学を取り巻く環境を知ることができる。また、論文集として、前述のブローグ (1976)、Peacock and Rizzo (1994)、Ginsburgh (2004)、Towse (1997a、1997b、2003、2007)、Ginsburgh and Throsby (2006) がある。

　ボウモルとボウエン (1966) 以降、文化経済学に関する論文発表や書籍の

増加を受け、1973年に、アメリカで学会 (The Association for Cultural Economics International) が設立され、1977年6月に、*Journal of Cultural Economics* が創刊された。そして1979年に、第1回国際学会 (International conference on cultural economics) がエジンバラで開催され、その後も2年に1度の割合で続いている[1]。日本においては、1992年に、文化経済学会〈日本〉(Japan Association for Cultural Economics) が発足し、2007年には、日本文化政策学会 (The Japan Association for Cultural Policy Research) が設立された。

こうして「文化経済学」または「芸術の経済学」の研究が進展する中で、分析の対象は、当初はハイカルチャーに限定したものだったが、1970年代から80年代前半にかけて、文化概念がハイカルチャーや芸術といった限定的なものから、無形の文化(思想、習慣、信条、価値感)も含んだより広義のものへ変化してきた (後藤 2005 p.46)。また、現在では、サブカルチャーやポピュラーカルチャーなども含まれてきている。

芸術文化の経済学的な分析は、長年、政府が芸術文化を支援することの根拠を求める点にあった。しかし、今日、政府が文化芸術と経済の密接な関連性があると認識し、より戦略的に芸術文化を支援していこうとするならば、なぜ政府が芸術文化を支援するのかという理由に加え、芸術文化市場の特性を把握することは必要であろう。芸術や文化に関係する財は、通常、市場で取引される財やサービスにみられる性質とは異なる。本章では、先行研究をもとに、財の特徴は何かということを検討し、文化や芸術に関わる企業行動から、芸術文化の市場をレントという視点から考察を行うことを目的とする。

なお、ここで対象とする芸術文化財[2]は、Baumol and Bowen (1966) に倣

---

1) 第17回国際文化経済学会は、はじめての日本開催となり、2012年6月に同志社大学(京都)で行われた。
2) 文化芸術振興基本法の個別の条文においては、以下のように具体的な名前が挙げられている。芸術:文学、音楽、美術、写真、演劇、舞踊、メディア芸術:映画、漫画、アニメーションおよびコンピュータその他の電子機器等を利用した芸術、伝統芸能:雅楽、能楽、文楽、歌舞伎その他のわが国古来の伝統的な芸能、芸能:講談、落語、浪曲、漫談、漫才、歌唱その他の芸能(伝統芸能を除く)、生活文化:茶道、華道、書道その他の生活に係る文化、国民娯楽:囲碁、将棋、その他の国民的娯楽をいう。

い、主に舞台芸術に関係する財・サービスとする。

(1) 外 部 性

　芸術文化市場で取引される財の特徴は、第1に外部性を持っていることである。外部性とは、ある経済主体が、市場取引を通じないで、他の経済主体の経済厚生に与える影響である。外部性が存在すると、他の経済主体に便益の変化をもたらすが、もともと市場のメカニズムには、それらが組み込まれていない。そのため、外部性を伴う経済活動の資源配分では、効率性が得られない可能性があり、結果として、市場のメカニズムだけでは最適な資源配分はできなくなるかもしれない。一般的に正の外部性を持つ財は、市場においては過少に供給され、負の外部性を持つ財は過剰に供給される。

　外部性の問題を解決するには、所有権の割当の変更、相互交渉、税金・補助金、外部性のライセンス化等がある[3]。所有権の割当を変更するというのは、別々に存在した経済主体をまとめれば、それぞれの所有権が1カ所に割り当てられ、影響を同一経済主体にとどめることができるということである。つまり、外部性を内部化することで、外部性を消すことができる。相互交渉は、コースの定理によるもので、外部性を出す側と受ける側の当事者同士が交渉することで、資源配分がパレート最適な水準に到達できるというものである。しかし、大規模で不特定多数の人々が関係し、こうした私的な方法で解決できそうもない場合は、政府が主体になって、外部性を内部化しなくてはならない。ピグー税は、私的限界費用と社会的限界費用の差額を、課税を利用して外部性をコントロールしようとすることである。負の外部性の場合は財の生産に差額分をプラス課税し、正の外部性の場合は差額分をマイナス課税（つまり補助金）を出すことが有効であるとされる。しかし、税金・補助金政策を実行しようとする場合、あらかじめ政府は、市場の需要曲線・供給曲線、外部性のもたらす影響について情報を持っている必要がある。外部性をライセンス化するというのは、この大きな制約を回避する方法として、外

---

[3] 麻生（1998 pp.80-99）、常木（2002 pp.79-89）参照。

部性の部分を商品として設定し、競争市場に取り入れることで外部性の消滅を図ろうとするものである。政府は外部性に相当する量のライセンスを発行し、経済主体へ売却することで、市場機構の働きを通じ、各経済主体が利潤最大化を目指すことでパレート最適な資源配分を達成できることになる。

ボウモルとボウエン (1966) は、舞台芸術の外部性として、①国家に付与する威信、②文化活動の広がりが周辺ビジネスに与えるメリット、③将来世代への芸術の継承、④教育的貢献を挙げている[4]。「国家に付与する威信」とは、普段オペラや舞踊などの舞台へ足を運ばない人でも自国の声楽家や振付師の独創性に与えられる国際的評価は誇りにしていることである。「周辺ビジネスへのメリット」としては、文化活動拠点の周辺に商店、ホテル、レストランなどができることで、さらなる集客効果があがり、地域経済への波及効果も期待できる。「将来世代への継承」は、円熟した文化活動の成長、芸術水準の向上、観客の理解力と発達の達成は一夜にして達成できるものではなく、現在の舞台芸術活動の継続が次世代への貢献となることを意味する。最後の「教育的貢献」とは、舞台芸術活動が、共同体に間接的で非価格的な便益をもたらすことである。

また、フライとポメレーネ (1989) は、芸術の持つ外部性について、①オプション価値 (option value)、②存在価値 (existence value)、③遺産価値 (bequest value)、④威信価値 (prestige value)、⑤教育価値 (education value)、に分けて説明した[5]。彼らによれば、「オプション価値」により、ある個人は、今すぐにはその芸術を利用することはなくても、文化の供給があれば、いつか、便益を受けるかもしれない。似たようなことで、芸術には、今すぐも将来的にも利用はしないだろうが、存在することが好ましいという「存在価値」がある。たとえば、過去に消滅してしまった歴史的建造物を、純粋に商業的

---

4) Baumol and Bowen (1966 翻訳書 pp. 496-499)。
5) Frey and Pommerehne (1989 pp. 19-20) は、Throsby and Withers (1983 p. 184) らが1982年にオーストラリアで実施した調査を引用している。それによると、芸術に直接参加しない人にも何らかの便益をもたらすと答えた人は64.1%、「存在価値」に賛成97.0%、「国家の威信」に賛成94.8%、「教育価値」に賛成96.4%であった。

な目的がなくても、復元することがこれに当たる。また、今現在の個人の利用価値ではなく、次世代のために芸術を保護することは、芸術の持つ「遺産価値」による。保護し維持する芸術作品に対する選好は、現在の市場ではないが、価値ある芸術作品の伝統は、次世代へ継承される。しかしながら、芸術を鑑賞したり興味がない人々であっても、たとえば、パリオペラ座やミラノスカラ座のような芸術機関を、国の誇りに感じ、文化の存在を感じる。これが、芸術の持つ「威信価値」である。最後の「教育価値」は、芸術が、社会の中で、創造力の育成、文化鑑賞能力の向上、美的水準を発展させ、社会のすべての人々に対し便益をもたらす側面を持つことである。

　これらの正の外部性を社会に還元させる方法として、池上（2003）は、特許（意匠）制度の整備に伴い、芸術文化市場で取引される財の外部性が鑑賞者によって内部化される傾向を示した。たとえば、1枚の絵がメディアを媒介すると、実際に、個人は本物をみていなくても財を鑑賞し、その財が自国にあることに誇りを感じ、必要があれば直接鑑賞したいと思い、一方では文化遺産として高く評価し、個人の鑑賞能力は向上する。これは、人々の公的な欲求充足に貢献していることになり、著作権料を通じて費用負担をすることで、正の外部性を創造者への報酬として内部化することで創造者の仕事に報いようとすることになる。また、片山（1995a）は、芸術文化に対する公的支援の形態として、国立劇場や自治体運営の交響楽団などのような「公的運営」、Matching GrantやVoucher制度なども視野に入れた「補助金」、寄付金の税金控除などのような「incentive付与」、を挙げている。

(2) 準公共財

　芸術文化市場で取引される財の特徴は、第2に準公共財であるといえる。

　経済市場で取引される財は、競合性と排除可能性という観点から4つに分類できる。競合性とは、ある人が財を消費しているときに、対価を支払わない人が同時に消費しようとするのを防ぐことができるというものであり、排除可能性とは、ある人が対価を支払って財を消費しているときに、対価を払わないでその財を消費しようとする人を費用をかけずに排除できるというも

のである。競合性と排除可能性の2つの条件を満たしている財は私的財である。一方、この2つの条件が全く欠けている財を持ち合わせている財を純粋公共財という。また、競合性はあるが非排除可能性であったり、非競合性で排除可能性であるように部分的に純粋公共財の性質を持つものもあり、これは、準公共財と呼ばれる。

　芸術文化市場で取引される財は、多くの場合、私的財と公共財にも変容し得る「混合財」と捉えられてきた[6]。片山（1995b）、金武（1996）は、「混合財」を前提としながらも、芸術文化市場の財が、消費者の選好を常に反映しているとはいえない点を指摘している。片山（1999）は、「芸術文化への資源配分は、最終的には人びとの選好に基づくべきであるが、選好を形成するためには芸術文化に触れる機会が必要であり、人びとが選好を形成するまでの期間においては、温情主義的に与えられるべきである」とし「芸術文化に対する選好形成のための機会の保障」としている[7]。また、金武（1996）は、「芸術分野における一種の価値財は消費者主権確立までの間、一時的に供給される過渡的な公共財」としている。こういった議論を経て、芸術文化市場の財のように私的にも社会全体にも便益を供給するシステムは準公共財であるとされる（池上 2003 p.51）。

　しかし、現実的には、同じ財やサービスでも、ストック（資本）として使用するか、フロー（消費、破壊）として使用するかによって、私的財が公共財に、また、その逆で、公共財が私的財にもなり得るものも存在する（逸見 2004 pp.62-63）。たとえば、美術館は、個人の鑑賞と考えれば、競合性と排除可能性を備えているので私的な消費財として供給されているが、地域にある社会資本と考えれば、公共財になる。この場合、私的財としての利用と公共財としての利用が同時に起こっている。また、時間の経過に応じて、同じ財

6）　Baumol and Bowen（1966）参照。
7）　政府の方が、個人よりも、その個人に対する最善の方法を知っているという前提の下、公的な介入をすることを温情主義（paternalism）という。そのため、政府は、強制的に個人に消費するよう努める。こういった財は、価値財と呼ばれ、たとえば、義務教育やシートベルトがそれに当たる。

やサービスが、私的財が公共財になり得るものも存在するであろう。たとえば、かつては私邸だった建造物が、歴史的な評価や需要者サイドの評価により、地域のシンボルになれば、社会資本として考えることができ、公共財になる。

2. 芸術文化市場の枠組み

　芸術文化の財・サービスを取引する芸術文化市場では、企業と個人（観客）は、どのように相互に関わり合うのであろうか。

　図6-1は、財・サービスを提供する芸術文化関連企業とサービスを受ける観客の間の芸術文化市場で取引される財の流れを提示したものである。この図では、メディア、複製による収益や著作権料などは含めない。市場では、芸術文化関連企業が売り手で、観客が買い手となる。芸術文化関連企業には、利潤を最大化しようとする営利目的と非営利目的の組織があり、財やサービスをチケットを通じて販売する。その芸術文化関連企業に対して、国、地方公共団体、民間の支援者や支援団体は、助成金や補助金を通じて直接的に支援したり、また、施設や事業を通じて間接的に支援する。観客は、企業から財やサービスを買うために支出をし、これが企業の収入となる。前項で議論したように、芸術文化市場で取引される財は、常に外部性が伴っているが、外部性が取引市場に含まれていないため、取引市場の外側に位置する。

　外部性の存在は、市場価格を成立させずに、生産者の生産活動や消費者の効用に影響して、最適な供給を妨げるが、市場はそれを補正する機能を持たない。いわゆる市場の失敗である。そこで、「市場の失敗」を政府が代わって行う場合がある。

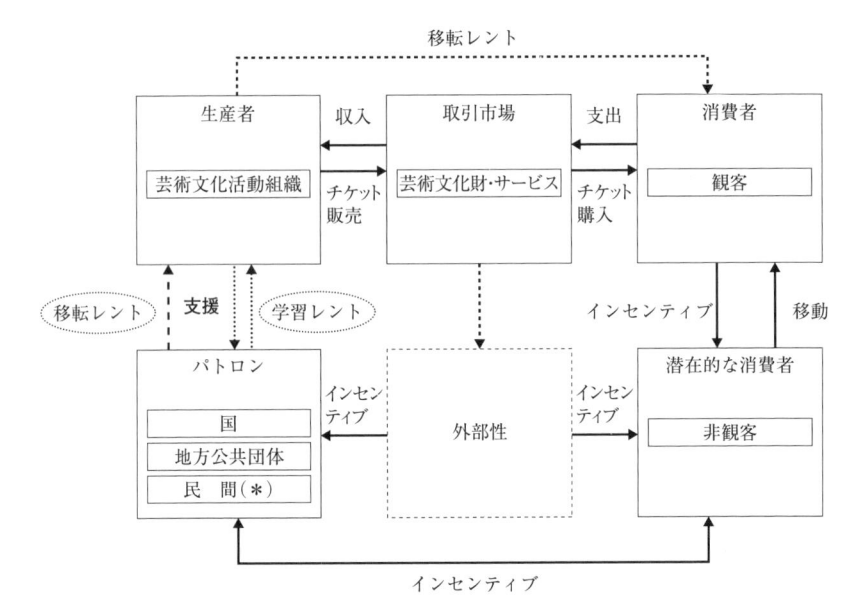

*：民間企業が芸術文化関連企業に資金供与するのは、芸術文化財の持つ外部性が、その民間企業の利益の向上に与える効果の対価である。

　芸術文化関連企業が、パトロン（国・地方公共団体・民間）から得られる芸術文化支援は、「超過所得」と捉えることで、「レント」として扱う。支援の形は様々あるが、ここでは、レントを大きく、「移転レント」と「学習レント」に分ける。たとえば、「移転レント」（破線）は芸術文化関連企業を通じて、チケット価格の割引につながるかもしれない。「学習レント」（点線）は、一定の期間に何らかの成果を出すことを条件付け、補助金・免税などの措置を含む。芸術文化財の取引市場で、観客は効用を満たすことができる。その一方、その財の持つ外部性、直接財・サービスを消費していない非観客にも影響を及ぼす。

　　　　　図6-1　芸術文化市場の枠組み

3.　レントと芸術文化財

　国家の政策的な目標が、芸術文化財の外部性に関わるとすれば、政府（地方政府を含む）は芸術文化財の生産関連企業に条件付き補助金（レント）を供与しやすくなる。図6-1において、それを学習レントと移転レントとして、そのレント元（パトロン）と供与先（クライアント）の関連を点線で示している。

今、技能の育成は、一般的に、時間を要し、世代を超えて受け継がれていく性質があるとすれば、需要の変動に左右されることなく、生産の継続をすることが不可欠になる。もちろん、その生産をコンスタントに促すインセンティブが需要サイドから与えられるものであれば、たとえ、正の外部性が期待されるとしても政府介入の条件を満たさない。しかし、ある財に対する需要（芸術文化財の特質から生じる需要の形）は、長期になればなるほど、多様な要因に規定されると考えられるので、供給は不安定になり、ひいては、供給も大きな変動を受けることになる。その場合、供給サイドの対応に限界があれば、生産の継続のためには、供給サイドにおいて、政府から生産の担い手に補助金を供与する必要が生じる。その供与に当たっては、芸術文化財の「供給」ならび財の「質の向上」が条件付けられる。このような条件付き補助金は学習レントに相当する。

（1）　学習レント

　工業財への学習レントは、「生産し続けること」が生産曲線の下方シフトをもたらすことになるという前提で供与されるが、芸術文化財を対象とした学習レントは、「生産し続けること」それ自体が目的の1つである。そうすることによって、芸術文化の継承が可能になるからである。

　さらなる目的は、芸術文化財の質の向上である。図6-2は、芸術文化財が学習レントにより、量から質の向上へと転化していく過程の概念図である。上方の縦軸に価格（P）、横軸に芸術文化財の数量（N）、下方の縦軸に芸術文化財の質（Q）（芸術文化財 Q^A より芸術文化財 Q^B の方が財の質が高い場合は、$A<B$ と示す）を、それぞれとる。芸術文化財 Q^A の t_0 時点の供給曲線を $S^A_{t_0}$、t_1 時点の供給曲線を $S^A_{t_1}$ とする。この財に対する需要は、単純化のために、t_0 時点と t_1 時点においてもシフトせずに、D とする（$D_0 = D_1$）。この図におけるキーとなる概念は、「量が質に転化する」という考え方である。つまり、ある一定量（この図では ON_2）の Q^A の生産を実際に経験することによって、Q^B の生産が可能になるという考えである。その意味において、より質の高い Q^B を得るための Q^A の最小必要量は ON_2 である。ここで、t_0 時点から t_1 時点まで

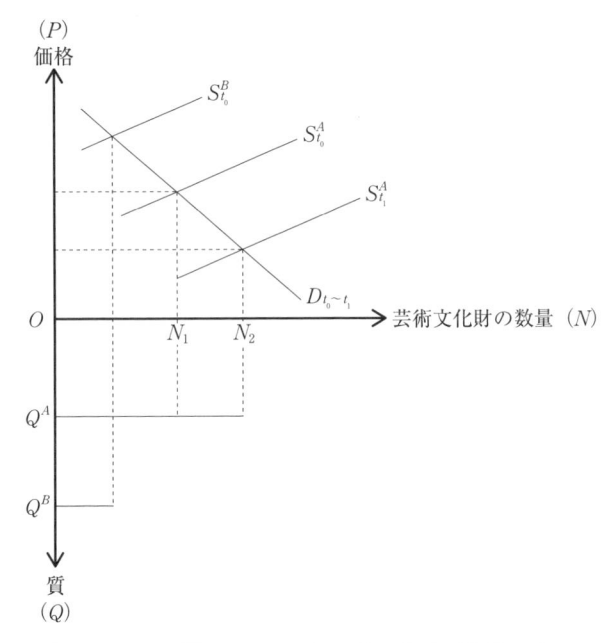

Q^A より上質な Q^B は、ある一定量（ON_2）を確保するまでは、生産できない。学習レントにより、Q^A の「生産継続」が可能になり、Q^A の供給曲線が下方にシフトして、$S^A_{t_0}$ から $S^A_{t_1}$ になる。その時点で、Q^A 財の産出量は、ON_2 となり、Q^B の生産が、はじめて可能になる。その Q^B を持つ財の供給曲線を $S^B_{t_2}$ として図に示す。

図 6-2　学習レントによる芸術文化財の量から質への転化について

の間、学習レントが与えられると、供給曲線が $S^A_{t_0}$ から $S^A_{t_1}$ にシフトする。今までの生産量の水準 ON_1 では、Q^B の生産が開始するまでは、Q^A の生産規模は小さ過ぎるが、ON_2 の生産規模を経ることによって、より質の高い Q^B の芸術文化財を生産する条件が整備されその生産が可能となる。すなわち、t_2 が Q^B の財の生産可能の出発点となり、この生産曲線は、$S^B_{t_2}$ で表される。このように、学習レントは、芸術文化財の質の向上に寄与する可能性を持っている。

　工業財の生産活動に与えられる学習レントが、本来の目的を果たしているかどうかは、モニタリングに負うところが大きい。そのモニタリングは、客

観性、透明性、数量化という要件を満たした基準で判断することによって、恣意性を排除することができた。しかし、芸術文化財の生産に与えられるモニタリングは、このような基準を設けることができないので、恣意性を排除することが困難となる[8]。このことは、補助金の捻出に制約が出されるまで、学習レントが無限に供与される恐れがあることを意味する。ただし、芸術文化財の生産者は常に新しく創造的な活動をするという前提をおけば、学習レントの無限化は回避できるかもしれない。芸術文化財の生産に対し学習レントを供与することは、このようなかなり厳しい前提を必要とする。

(2) 移転レント

ここで、非営利企業の機能と活動範囲を広げるために、ボウモルとボウエン（1966）の舞台芸術は慢性的な赤字にさらされているという指摘を重ね合わせるならば、政府の介入による市場の整備が必要となる。

今、補助金や寄付金が財の需要と価格と上演にどのように影響するかをハイルブランとグレイ（Heilbrun and Gray 2001）の描いた図6-3に基づき説明する。この場合、目的は、観客数を最大化することである。ここでは、上演される作品の品質は、寄付金や補助金による影響を受けないものと仮定すると、チケット価格を下げ、それゆえ、観客数を増やすことにつながる。このように需要サイドに影響を与えるレントを、ここでは、移転レントと呼ぶ。この結果、需要曲線と平均総費用曲線は、図6-3のようになる。寄付金や助成金がない場合、企業は点FでQ_2枚のチケットを、P_2価格で売ることができ、それで平均総費用をまかなうことができる。補助金のような収入が移転レントにより利用できるようになると、チケットの価格は、費用の水準より低く設定できる。この場合、価格がP_3（K点）まで引き下げられると、観客数は、

---

[8] 芸術文化財の質を評価することは価値の問題を含むため基準を決めるのは極めて困難である。ただし、芸術文化財の持つ「正の外部性がレントの創出を促進する」と考えているので、代理指標として外部性の大きさで代替させることも十分考えられる。しかしながら、たとえそのように想定したとしても、この外部性の大きさの測定も、やはり、困難であろう。したがって、芸術文化財の質の指標は定量化できないので、あくまでも、定性的な基準である。

1席当たりの価格

P_2
ATC_3
P_3

F
J
K

平均総費用曲線
需要曲線

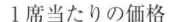

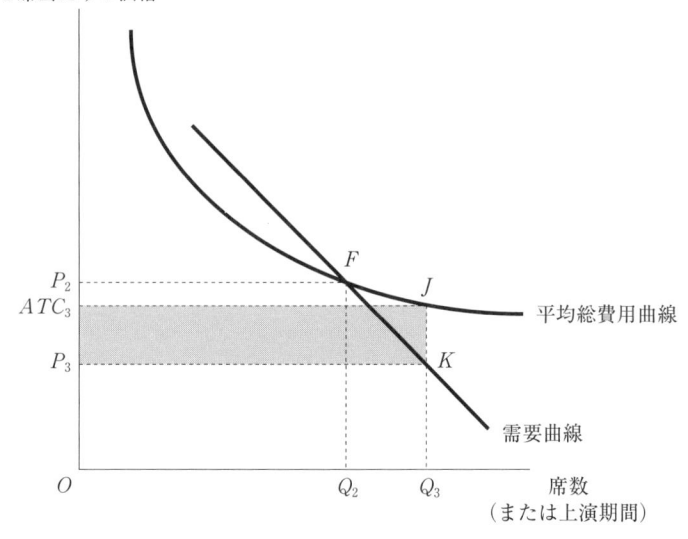

O　　　　　Q_2　Q_3　席数
　　　　　　　　　　　（または上演期間）

　この芸術文化市場での目標は、予算の中で作品の質を保ち入場者数を増やすことである。1席当たりの価格は平均総費用曲線上の点Fの高さに等しくP_2であり、席数はQ_2となる。ここに政府から$ATC_3 P_3 KJ$分の補助金が出されると、価格は、P_3になり席数はQ_3まで増やすことが可能になる。

図6-3　芸術文化関連企業の上演と価格の決定（補助金がある場合）

出所：Heilbrun and Gray 2001 p.131, Figure 7.2.

Q_3まで増える。上演期間がQ_3のときのシート当たりの平均総費用は、点Jで示されるようにATC_3である。ここで、1席当たり$ATC_3 - P_3$の赤字が発生し、赤字の総量は$Q_3 \times (ATC - P_3)$で示されるが、企業の財務諸表が正確ならば、それは利用した補助金や寄付金の合計金と等しくなる。こうして、移転レントにより、観客数を増大させることができる。

　最後に、ここでは特殊性のある財が持つ外部性を大きくする方策を論議した。特にレントを2つに区分し、学習レントは芸術文化財の担い手の育成に影響を及ぼし、移転レントは、芸術文化財の観客数を増やすことを導いた。このように、学習レントによる供給サイドからの支援と、移転レントによる需要サイドからの支援を受けることによって、芸術文化財の供給を継続させ

ることができると考えられる。

■**参考文献**■

麻生良文（1998）『公共経済学』有斐閣。

Baumol, W. J. and Bowen, W. G. (1966). *Performing Arts: The Economic Dilemma*. New York: Twentieth Century Fund. （ボウモル、W. J.、ボウエン、W. G.、池上惇・渡辺守章監訳『舞台芸術—芸術と経済のジレンマ』芸団協出版部、1994年）

Blaug, M. ed. (1976). *The Economics of the Arts*. London: Martin Robertson, Aldershot: Gregg Revivals, 1992.

Blaug, M. (2001). "Where Are We Now in Cultural Economics?" *Journal of Economic Surveys* **15**(2): 123-143.

Frey, B. S. and Pommerehne, W. W. (1989). *Muses and Markets: Explorations in the Economics of the Arts*. Oxford: Basil Blackwell.

Frey, B. S. (2003). *Arts & Economics: Analysis & Cultural Policy*, 2nd ed. Berlin et al.: Springer-verlag.

Ginsburgh, V. A. (2004). *Economics of Arts and Culture: Invited Papers at the 12th International Conference of the Association of Cultural Economics International*. Amsterdam: Elsevier.

Ginsburgh, V. A. and Throsby, D. eds. (2006). *Handbook of the Economics of Art and Culture*. Amsterdam: Elsevier.

後藤和子（2005）『文化と都市の公共政策—創造的産業と新しい都市政策の構想』有斐閣。

Heilbrun, J. and Gray, C. M. (2001). *The Economics of Art and Culture*, 2nd ed. New York: Cambridge University Press.

池上惇（2003）『文化と固有価値の経済学』岩波書店。

逸見良隆（2004）「財とサービスの非自発的（政府）及び自発的（私的）供給—外部性の新しい定義と政府の市場均衡への介入」『経済論集』学習院大学経済学会、**41**(2)、57-74頁。

片山泰輔（1995a）「芸術文化への公的支援と競争」『日本の社会経済システム—21世紀に向けての展望』日本経済政策学会、219-245頁。

片山泰輔（1995b）「芸術文化の公的支援の根拠」日本経済政策学会編『日本経

済政策学会年報 43:日本の社会経済システム(続)』勁草書房、165-173 頁。
片山泰輔(1999)「なぜ芸術文化を税金で支援するのか」『都市問題』東京市政調査会、**90**(7)、3-17 頁。
金武創(1996)「芸術支援政策の財政問題(1)」『経済論叢』京都大学経済学会、**157**(3)、51-66 頁。
O'Hagan, J. W. (1998). *The State and the Arts: An Analysis of Key Economic Policy Issues in Europe and the United States*. Cheltenham: Edward Elgar.
Peacock, A. T. and Weir, R. (1975). *The Composer in the Market Place*. London: Faber Music.
Peacock, A. T. and Rizzo, I. eds. (1994). *Cultural Economics and Cultural Policies*. Dordrecht: Kluwer Academic Publishers.
Throsby, D. and Withers, G. A. (1979). *The Economics of the Performing Arts*. Edward Arnord (Australia) Pty Ltd: Gregg Revivals, 1993.
Throsby, D. and Withers, G. (1983). "Measuring the Demand for the Arts as a Public Good: Theory and Empirical Results." in Hendon, W. and Shanahan, J. eds. *Economics of Cultural Decisions*. Cambridge, MA: Abt Books.
Throsby, D. (1994). "The Production and Consumption of the Arts: A View of Cultural Economics." *Journal of Economic Literature* **32**(1): 1-29.
Throsby, D. (2001). *Economics and Culture*. Cambridge: Cambridge University Press. (スロスビー、D.、中谷武雄・後藤和子監訳『文化経済学入門—創造性の探求から都市再生まで』日本経済新聞社、2002 年)
常木淳(2002)『公共経済学(第 2 版)』新世社。
Towse, R. ed. (1997a). *Cultural economics: The Arts, the Heritage, and the Media Industries*. Cheltenham: Edward Elgar, Vol. 1 & Vol. 2.
Towse, R. ed. (1997b). *Baumol's Cost Disease: The Arts and Other Victims*. Cheltenham: Edward Elgar.
Towse, R. ed. (2003). *A Handbook of Cultural Economics*. Cheltenham: Edward Elgar.
Towse, R. ed. (2007). *Recent Developments in Cultural Economics*. Cheltenham: Edward Elgar.
Towse, R. (2010). *A Textbook of Cultural Economics*. Cambridge: Cambridge University Press.

COLUMN 1　中国経済におけるレントとレント・シーキング

　中国の財・サービスの価格は、改革開放以前、政府によって決められていた。グローバル化の下で、中国経済が進展するにつれ、資源配分の歪みがますます大きくなり、成長を阻害するようになった。この状況を打破するために、市場メカニズムが段階的に慎重に導入された。それは政府による財・サービスの計画価格と市場価格とを並存させる方式である。その並存の形態から、それは「双軌制」と呼ばれた。その導入後、市場価格の適用範囲を拡大させ、最終的には、計画価格を消滅させ、財・サービスの価格を完全に市場メカニズムに任せるというものである。1つの市場における同一財の価格の並存は、図で示すように、大規模なレントを創出する。

　この双軌制に対する評価はそれぞれである。1つは、改革過程において、巨大なレントを恣意的に作り出せるために、党や政府官僚を含むレント・セッターは、双軌制を利用して、「権力」と「金銭」との交換を行い、汚職や腐敗などのレント・シーキング活動を活発化させ、国民の強烈な不満を積もらせた。双軌制の実施期間、一般的な方法は、許認可文書の不正販売を通じて、レントを捕捉するやり方であった。レント・シーカーは利権や人脈を利用し、賄賂という手段を用い、政府機関から許認可文書を入手し、緊急かつ払底している重要な生産資材や輸入商品を転売した。

　一方、「双軌制」が、計画価格という旧体制を維持しつつ、価格改革により引き起こされた政治集団の損失をこのレントが補償するチャンネルを提供したため、改革の推進を妨げる力が削減し、価格改革が進展したという見方もある。

　中国は、この「双軌制」を通じて価格改革を完成させた後、市場化された財・サービスの価格と、資本、土地、労働などの統制された要素市場価格との不整合によって、膨大なレントを発生させた。統制された価格とは資源配分の管理を意味する。そのメカニズムは、以下の通りである。財・サービス市場（A市場）である財Xの価格がその経済の平均利潤以上を実現しているならば、多くの企業はそのX財の生産に参入するはずである。しかし、要素市場（B市場）は政府によって統制されているので、既存企業の生産拡大や新規企業の参入が自由でない。その「規制あるところレントあり」という当たり前のことがあらゆる生産現場で生じた。このレントは、A市場とB市場の非連動性によって、莫大なレントになった（先進国の非連動性の事例としては、日本の米の価格は高い関税で保護され政治的に決定されるので、消費者などは高い米を購入している。要素（特に農地）市場での法制的な制約ゆえに、米の生産が抑制され、米の生産農家にレントを与えることになる）。米という1つの産業のレントと比べ、中国の場合は比較にならないほど大きい。中国は、A市場と同じように、B市場の市場化を指向し、その改革は「新双軌制」と称された。しかし、B市場の改革は、A市場の改革と比べ、順調に進展していないが、着実に歩みを進めている。

　まず、資本市場において、資本価格の規制と資金配分の歪みは表裏の関係である。資本価格は金利にほかならないが、中国の金利自由化も為替レートの自由化もいまだ十分でないので、資本市場の改革は遅滞している。

　土地市場において、各レベルの地方政府が不動産産業から財政収入を獲得するために歪んだ土地使用制度を用いて、その許認可からレントを創出している。各地の地方政府は、安い価格であるいは強制的に土地を収用した後、市場価格で開発業者に売却しレントを入手できる。そのため、土地レント・シーキングは非常に活発で、そのレントはど

のように費消しているかは明らかでない。各地では、使用権の問題が多発し、司法制度の不備も重なり、法の下で解決は図られずに、デモなどの抗議行動が頻発した。さらに、土地利用の許認可に関わる政治的な自由度が高くなればなるほど、大規模な森林破壊、鉱山開発、農地耕作の転用、湿地の占拠が行われ、レント・シージング（ロス、M. L. 著、中村文隆他監訳『レント、レント・シージング、制度崩壊』人間の科学新社、第3章参照）による環境保全制度が崩れ、それが、ひいては食の安全を脅かしている。

労働市場においては、「戸籍制度」と「工業優先化戦略」のために、農村労働者の移動は厳しく制限されてきた。しかし、改革開放以後、労働集約型製造業である輸出主導経済や都市地域のインフラ整備のために、都市部で労働力が大量に必要になった。そのために、「戸籍制度」は徐々に緩和され、農村地域から工業ならびに都市地域への移動が可能になった。これは、工業部門の労働市場に、ルイスのいう「無制限労働供給」状況を生み出した。政府は、低賃金を誘因とする外資の導入と、輸出の増大を維持する国家戦略のために、「低賃金政策」を継続する必要があった。このために、農村からの流出が緩和（このことは農業部門の縮小による農業生産の低迷をもたらした）し、労働者の福祉は停滞した。近年、農村の労働力の流出の枯渇化が顕著になり、「人口の配当」が消滅しつつある。労働市場の市場化の促進のためには、産業の高度化や労働要素効率の向上を不可欠とする。

2001年12月、中国は143番目のWTO加盟国になり、グローバル化も進展している。国際的な競争力を高めるために、特に、産業構造や貿易構造の高度化を促進させるうえで、（技術集約型や新エネルギー資源型の）国家的戦略産業の育成は不可欠である。中央政府も地方政府も、国有企業をはじめとする企業に、多様なレント（学習レントや移転レントなど）による誘因を与え育成している。政府は、レントを多用し国家目標の達成を目指すが、不適格な企業も多い。その際、レントの管理手段としてモニタリングが重要となるが、高技術集約的な産業や新エネルギー産業へのモニタリングは、国家の手だけでなく、資本市場（株や国際的金融）を活用する方法を用いている。しかし、レントを追求する企業は、政府保証の銀行融資や政府融資を当てにし、結果として債務を積み重ねる場合も、多くみられる。レントが中国の工業化に大きく寄与してきたが、世界第2位の経済規模に達した今日、レントの産業育成戦略はWTO加盟国として許容されなくなっている。また、中国の経済格差は、ジニ係数をみても、大きく拡大し、国内的にもレントによる成長戦略は政治的リスクから難しくなっている。

双軌制のレント創出の単純なモデル

ここで、双軌制によるレント創出の一例を示す。ある財の価格と数量を、それぞれ縦軸と横軸にとる。いま、その財の需要曲線を D、供給曲線を S とする。1つの市場に、政府介入（双軌制）により、その財に2つの価格 (P_1, P_2) が共存するとしよう。この図では、P_1 が市場価格で、P_2 が統制価格であり、政府による供給量は OQ_2 であるとする。この場合、政府は四角形 P_1P_2ba のレントを創出できる。また、この市場価格を所与とすれば、政府は恣意的に価格と供給量を操作することによって、レントの大きさを自由に決定できる。

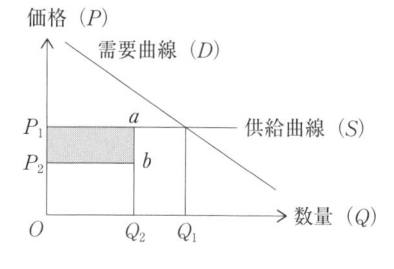

COLUMN 2　レントと東アジアの直接投資

　このコラムでは、東アジア諸国の政府が直接投資誘致政策の一環として外資系企業に付与してきたレント（rent）とその有効性について検討する。1960年代から1980年代にかけてのレント政策は、外資系企業の動きをコントロールするうえで、一定の有効性を有していたものの、今日のグローバル経済下では、その有効性が低下してしまったことを明らかにしたい。

　1960年代から1980年代にかけての東アジア諸国の工業化戦略は、直接投資の受け入れを通じて、工業化の水準を高めていくというものであった。このプロセスでは、輸出加工区（export processing zones）が大きな役割を果たした。ILO/UNCTC（ILO/UNCTC（1988）. *Economic and Social Effects of Multinational Enterprises in Export Processing Zones.* ILO.）によれば、輸出加工区とは「一国の関税及び貿易制度における自由貿易の飛び地（enclave）をつくり、そこで主に輸出向けの生産を行っている外国製造業企業が一定の財政的金融的奨励策から便益を得ている、明瞭な輪郭を持つ工業団地」である。以下では、近藤（近藤尚武（1998）「アジア諸国における輸出加工区の役割にかんする一考察」『港湾経済研究』**36**、203-214頁）に依拠して、輸出加工区の優遇措置について述べることにする。輸出加工区内の企業には、生産した全製品あるいはその大半を輸出することが義務付けられている反面、数多くの優遇措置が与えられている。輸出加工区内の企業が原材料、資本財、部品・中間財を輸入する場合、関税が免除あるいは減免される。ただし、これについては、輸出加工区内の企業が全輸入品を輸出製品の生産に用いることが条件となる。また、輸出加工区内の企業については、法人税と所得税が減免される。そして、これら以外にも、輸出貸出の優先的な割当、行政手続きの簡素化・一元化、争議行為の禁止などの優遇措置が、輸出加工区内の企業に付与されている。その一方で、通常、一定比率の輸出だけでなくローカル・コンテント（local content）や外資出資規制といったパフォーマンス規制も、輸出加工区内の企業に課されている。つまり、この当時の東アジア諸国は輸出加工区を通じて、外資系企業に優遇措置とパフォーマンス規制の両方を与えながら、慎重に直接投資を受け入れていたのである。

　輸出加工区内の企業が享受する多くの優遇措置は、それらをひとまとめにしてレントと解釈することもできる。経済学のレントは超過利潤、あるいは超過所得の意味で用いられることが多い。もしくは、（必ずしも厳密とはいえないが）ある意味で正常な水準（通常、個人や企業が競争市場であったなら受け取ったであろう水準）を上回る所得のことを指すと考えても良い。ここで、輸出加工区の内と外に分かれて、まったく同じ条件下で生産活動を行う外資系企業を想定しよう。当然のことながら、輸出加工区内の企業は優遇措置の分だけ輸出加工区外の企業よりも高い所得を得ることができる。この差額が正常な水準を上回る所得であり、レントである。

　受け入れ国の政府は、レントを上記で述べた優遇措置に加えて、直接投資の受け入れにあたっての産業や企業の選別にも使用していた可能性が高い。東アジア諸国が輸出加工区を設置した目的の1つは、外資系企業から地場企業への技術移転、かつ両企業のリンケージの構築である。これらの目的について、一定の成果を上げることができたのは、主として韓国と台湾の輸出加工区であった。呉（呉泰憲（1994）「輸出加工区についての再考察―馬山輸出自由地域を事例として」『アジア経済』**35**（8）、61-78頁）は、韓

表　台湾の輸出加工区における時期別産業構造の変化

時期区分	産業構造の変化
1966～1988	製造業（アパレル・皮革・家電等の伝統産業を主とする）
1989～1997	製造業（高付加価値電子業を主とし、民生工業を従とする）・貿易業
1998～現在	製造業（高付加価値電子業・民生工業）・物流業・貿易業・通信業・金融保険業・商工サービス業・情報サービス業

出所：石田（2004）の表10を引用。

　国の馬山輸出加工区が一定の成果を上げた要因として、同輸出加工区では、現地政府が、輸出能力を確実に持つ外資系企業に誘致対象を絞ったり、地場企業が原材料や部品・中間財を供給できるように業種を選択したりしたことを指摘している。ここで選ばれた外資系企業は、上記で述べた優遇措置以外の何らかのレントを現地政府から受け取っていた可能性が高いといえる。そのレントは、受け入れ国にとって都合の良い外資系企業のみを輸出加工区に進出させるためのものである。そして、これらと同じようなことは台湾でも行われていたと推測できる。というのは、石田（石田浩（2004）「台湾における輸出加工区の現在的意義―産業の高度化と産業価値パークへの転換」『経済学論集』関西大学、54（3・4合併号）、317-335頁）が述べているように、台湾の輸出加工区では1960年代以降、産業構造の段階的な高度化が観察されているからである（上記の表を参照）。

　1990年代に入ると、グローバル化の進展や直接投資受け入れ国の急速な経済成長を受けて、多くの東アジア諸国が積極的に直接投資を誘致するようになった。すなわち、貿易や投資の自由化、規制緩和、制度の調和を通しての工業化戦略に大きく転換したのである。誘致競争が激化する中で、外資系企業に自国を選んでもらうには、自国のビジネス環境が他国よりも魅力的でなければならない。したがって、木村（木村福成（2007）「東アジア国際分業の深化―中国はASEANをいかに変えたか」木村福成・石川幸一編著『南進する中国とASEANの影響』ジェトロ、13-40頁）が指摘するように、ここでは産業や企業を取捨選択して直接投資を受け入れようとしたり、困難なパフォーマンス規制を外資系企業に課したりするといった機会主義的な政府介入は許されなくなる。こういった意味で、受け入れ国の政府は外資系企業に対して輸出加工区の時代よりも迎合的にならざるを得なくなった。そして、このことは、外資系企業にレントを選択的に付与するのと引き換えに何らかのパフォーマンス規制を要求する従来のやり方では、外資系企業の動きをうまくコントロールできなくなったことを意味する。この点にレント政策の有効性の低下を見出すことができるのである。

編著者紹介

中村文隆（なかむら　ふみたか）
1945年生まれ、1974年明治大学大学院政治経済学研究科（経済学専攻博士課程）退学し、同年に明治大学政治経済学部専任助手、その後、専任講師、助教授を経て、1988年より明治大学政経学部専任教授。専攻は「開発経済学」。

主要論文：「アメリカ国内の製造業の競争力」『政経論叢』第59巻第3・4号、1991年、「東アジア経済の奇跡とパッケージ型外国直接投資」『政経論叢』第67巻第5・6号、1999年。

主要翻訳：M. H. カーン、ジョモ K. S. 編著『レント、レント・シーキング、経済開発』（中村文隆・武田巧・堀金由美監訳）人間の科学新社、2007年。
M. L. ロス『レント、レント・シージング、制度崩壊』（中村文隆・末永啓一郎監訳）人間の科学新社、2012年。

レントと政治経済学

2013年6月10日　第1版1刷発行

編著者 ── 中　村　文　隆
発行者 ── 大　野　俊　郎
印刷所 ── 新 灯 印 刷 ㈱
製本所 ── グ　リ　ー　ン
発行所 ── 八千代出版株式会社

〒101-0061　東京都千代田区三崎町2-2-13
TEL　03-3262-0420
FAX　03-3237-0723
振替　00190-4-168060

＊定価はカバーに表示してあります。
＊落丁・乱丁本はお取替えいたします。

Ⓒ 2013 Printed in Japan　　ISBN978-4-8429-1609-5